Israel

ISRAEL

Textbuch zum Medienpaket.
Herausgegeben im Auftrag der
Bundeszentrale für
politische Bildung

Springer Fachmedien Wiesbaden GmbH 1987

ISBN 978-3-663-01261-0   ISBN 978-3-663-01260-3 (eBook)
DOI 10.1007/978-3-663-01260-3

Impressum:

Sachthemen des Textbuches: Thomas Stein
Reisethemen des Textbuches: Paul Halbe
Sprachkurs der Tonkassette: Shulamit Tsermah
Eine Arbeit des av Kommt.
Im Auftrag der Bundeszentrale für
politische Bildung
Redaktion: Ulrich Allwardt

Der Text dieser Auflage wurde überarbeitet von Prof. Dr. Alex Carmel.

Inhaltsübersicht

Einleitung

Eine Reise nach Israel garantiert faszinierende Eindrücke, wohin immer man in diesem Land kommt. Dennoch sollte man nicht dem Zufall überlassen, was einem dort in den Blick gerät — zu vieles Interessante und Wichtige könnte man übersehen. Eine solche Reise vorzubereiten, bringt Erlebnisgewinn und ist schon für sich ein Vergnügen. Dabei soll Ihnen unser Medienpaket „Grundinformation Israel" helfen.

Die *Ton-Dia-Schau* gibt Ihnen erste Impressionen. Sie könnte auf einer Rundreise entstanden sein, wie sie von vielen Reiseveranstaltern angeboten werden. 48 Bilder geben eine Andeutung von der Vielfalt der Eindrücke, die auf Sie warten. Verfolgen Sie die Reiseroute auf einer Reisekarte, dann prägen sich Ihnen auch bereits die Gestalt und Beschaffenheit des Landes ein.

Auf der zweiten Bandseite hören Sie zum ersten Mal die Landessprache Ivrit, also Hebräisch. Unser kleiner *Sprachkurs*, dessen Text Sie in diesem Buch zum Mit- und Nachlesen wiederfinden, wird aus Ihnen keinen Sprachkenner, aber vielleicht einen Worterkenner machen, also eine erste Hilfe sein, sich in die fremden Laute einzuhören. Zum Einlesen in die Schreibweise der Ortsnamen im Land wollen wir Ihnen dadurch verhelfen, daß wir diese Schreibweise im Text des Buches selbst verwenden.

Unser *Buch* schließlich gibt Ihnen in einer Gliederung nach Themenbereichen Grundinformationen über das Land, seine Geschichte, seine heutige Situation, über Sehenswertes und Genießenswertes. Diese Informationen machen weder einen guten Reiseführer überflüssig, noch ersetzen sie die historischen, kunst- und religionswissenschaftlichen und politischen Monografien, die es über Israel gibt und von denen wir auf Seite 140ff. eine Auswahl zusammengestellt haben. Zweck dieses Buches ist es, Ihnen eine Orientierung zu vermitteln, die Ihnen hilft, das einzuordnen, was in überwältigender Fülle und Vielfalt auf Sie eindringt, wenn Sie nach Israel kommen. Denn dies ist wohl das Faszinierendste an diesem Land: das Zusammentreffen von bisweilen extremen Gegensätzlichkeiten auf engstem Raum, historisch, landschaftlich, kulturell, religiös, politisch. Und darauf möchten wir Sie mit den folgenden Bemerkungen ein wenig vorbereiten und neugierig machen:

In Israel können Sie im Umhergehen *Geschichte* studieren. Kulturen aus Jahrtausenden haben ihre Zeugnisse hinterlassen, von denen die der Römer und der Kreuzfahrer noch die jüngeren sind. Es gibt zahllose Denkmäler einer langen Vergangenheit, die, oft dicht beieinander stehend, Jahrtausende überbrücken. Erst vor wenigen Jahrzehnten wurden am Toten Meer die Schriftrollen von Qumran entdeckt, die bisher ältesten Texte der Bibel. (→ Zeugnisse der Geschichte)

Die *landschaftlichen Eindrücke* und Kontraste sind atemberaubend. Das schmale Land, an der breitesten Stelle nur 120 Kilometer breit, verläuft in drei verschieden beschaffenen Streifen in Nord-Süd-Richtung. Durchqueren Sie diese Streifen — und dies geschieht auf einer Rundreise von selbst —, so gelangen Sie vom üppig vegetationsreichen und zugleich stark industrialisierten Küstenstreifen in Bergland und Wüste, wo es in Jerusalem durchaus ein kleines Schneetreiben geben kann, während Sie in der grandiosen Wüstenlandschaft unter der Hitze stöhnen. Steigen Sie dann in den Jordangraben hinab, so finden Sie im Norden Sumpflandschaft (Huletal) und im Süden das Tote Meer, das 400 Meter unter dem Meeresspiegel liegt. Wie rasch die Szene wechselt, das können Sie sich leicht vorstellen, aber die Wirkung dieser verschiedenartigen Eindrücke müssen Sie erleben. (→ verschiedene Kapitel, z.B. Wüstenland und Totes Meer)

Die *Religionen* drängen sich in Israel, speziell in Jerusalem, so dicht wie nirgends sonst auf der Welt. Das größte Heiligtum der Juden, der Tempel Salomons, d.h., die Reste des nicht wieder aufgebauten Tempels, befinden sich praktisch an derselben Stelle, wo auch die Al Aqsa-Moschee steht, das größte Heiligtum der Moslems nach Mekka und Medina. Es sind aber von da auch wieder nur ein paar Minuten bis zur Grabeskirche, eine der heiligsten Stätten der Christenheit. In über 30 Kapellen, die sich in diesem Bau auf mehreren Stockwerken befinden, halten hier mehrere Konfessionen ihre Andacht und streiten sich schon seit Sultan Saladin um die Plätze, so daß bis heute die Schlüsselgewalt für die Kirche in den Händen von zwei mohammedanischen Familien liegt. Und auch unter den jüdischen Israelis gibt es religiös bestimmte Gegensätze, die dem Besucher besonders in Jerusalem ins Auge fallen: Die streng orthodoxen Juden, die hauptsächlich im Jerusalemer Stadtteil Mea Shearim leben, halten den Shabbat so streng ein, daß sie durchfahrende Autos — am Shabbat ruht der Verkehr — gelegentlich mit Steinen bewerfen, und sie lehnen die Staatlichkeit Israels ab, da nur und allein der Messias ein Reich, das Reich Gottes, errichten dürfe. Die Orthodoxen tragen selbstverständlich ihre traditionelle Kleidung und bringen so einen auffälligen Akzent in das ohnehin farbige Straßenbild. (→ Jerusalem, Jüdischer Glaube, Das Heilige Land)

Die Verschiedenheit der *Kulturen* und der kulturellen Herkünfte der Menschen in Israel sind nicht nur ein interessantes, sondern für den Staat auch ein problematisches Phänomen. Da sind zum Beispiel die Beduinen, die ihre Herden wie seit Jahrtausenden durch Bergland und Wüste führen. Sie scheinen ihre Lebensweise nie verändert zu haben, selbst wenn sie auf den Markt nach Be'ér Sheva nicht mit dem Kamel, sondern mit dem Mercedes-Transporter kommen. Aber ihr Lebensraum wird enger, je mehr das Land erschlossen wird. Deshalb versucht Israels Administration geduldig, die Beduinen vom mobilen Zelt aus gewebtem Ziegenhaar, worin es übrigens auch bei größter Außenhitze angenehm kühl ist, in feste Häuser umzusiedeln, ihnen also das Wandern abzugewöhnen.

Dem Besucher wird der Kontrast zwischen den Kulturen besonders deutlich, wenn er auf dem Beduinenmarkt von Be'ér Sheva einen Orient wie aus dem Bilderbuch erlebt, aber im Hintergrund das moderne Be'ér Sheva sieht, eine großzügig angelegte Industrie- und Universitätsstadt mit heute 120 000 Einwohnern.

Der Orient fängt Sie auch ein, wenn Sie in Jerusalem von der lärmenden, autovollen Straße durch eines der gewaltigen Tore in die Altstadt, in den Bazar eintreten. In den überdachten Gassen mit zahllosen kleinen Läden links und rechts umgibt Sie die Atmosphäre aus den Geschichten aus Tausendundeinernacht. Aber neben dem Schuhflicker Maruf aus dem Märchen haben sich andere Handwerker niedergelassen, die ganz unromantisch TV-Geräte feilhalten und reparieren. Und wenn Sie von der die Altstadt umgebenden Mauer blicken, dann sehen Sie auf einen Wald von Fernsehantennen. Zugleich können Sie aber vom selben Standort aus auf den berühmten Felsendom und auf den Garten Getsemane blicken — wieder die Gleichzeitigkeit des ganz Verschiedenen, die den Besucher gefangennimmt und verwirrt.

Der für Israel wohl bedeutsamste kulturelle Kontrast ist sicher der zwischen den jüdischen Einwanderern, die zu verschiedenen Zeiten aus den verschiedensten Regionen der Welt gekommen sind. Es waren im wesentlichen Europäer, die den modernen Staat Israel begründeten, Zionisten, Sozialisten und später die der Naziverfolgung Entkommenen. Ihre Ziele und Vorstellungen prägten die staatliche Ordnung und das Selbstverständnis eines demokratischen Staates. Inzwischen aber sind nach dem Zweiten Weltkrieg in großer Zahl Einwanderer aus vielen Ländern des Orients nach Israel gekommen, die nun der Zahl nach bereits überwiegen. Ihr ständig zunehmender Einfluß auf Gesellschaft und Politik Israels stellt einen Faktor des Wandels mit schwer abschätzbarer Bedeutung dar. (→ Einwanderung und Integration, der Staat Israel)

Eine angenehme Seite dieses Phänomens zeigt sich in der unermeßlichen Vielfalt der israelischen Küche, die ja aus den Speisekarten so vieler Länder und Landschaften zusammengesetzt ist, wie es Herkunftsgebiete der Einwanderer gibt.

Ein Kontrast schließlich, dem Sie in Israel überall begegnen, ist der zwischen der offensichtlich temperamentvollen Lebensfreude nicht nur der jungen Menschen und der ständigen Anwesenheit von Soldaten und Soldatinnen, die überall, auf dem Weg vom oder zum Dienst, anzutreffen sind. Israel trägt schwer an der wirtschaftlichen Last, eine schlagkräftige Armee aufrechtzuerhalten, aber die Unvermeidlichkeit dieser Last ist jedem klar, der das politische Geschehen in der Nahostregion verfolgt und wird noch klarer, wenn man einmal die Kleinheit des Landes, die Nähe jedes, aber auch jedes Ortes zu den Grenzen erlebt hat.

Die unerbittliche Entschlossenheit der Israelis zur Selbstverteidigung hängt nicht zuletzt mit der schrecklichen Epoche der Geschichte zusammen, in der Juden von Deutschen zu Millionen hingemordet wurden. Die traumatische Erfahrung dieser Verfolgung hat die Überlebenden geprägt. Und wenn Sie die Gedenkstätte für die Opfer der Naziverfolgung, Yad Vashem, besuchen, dann werden Sie in Israel den tiefen Ernst zu spüren bekommen, den Sie begreifen, wenn Sie die Bilder der Verfolgung und Verzweiflung sehen, die dort das Geschehene dokumentieren. (→ Die Besonderheit der deutsch-israelischen Beziehungen)

Die Bundesrepublik hat mit großem Bemühen und auch bedeutendem wirtschaftlichen Einsatz an der Entwicklung eines guten Verhältnisses zu Israel gearbeitet. Die Namen des ersten deutschen Bundeskanzlers, Konrad Adenauer, und des ersten israelischen Ministerpräsidenten, Ben Gurion, stehen für den erfolgreichen Brückenschlag. Mehr als dreißig Jahre sind seitdem vergangen. Hunderttausende von Deutschen haben inzwischen Israel besucht und freundschaftliche Aufnahme gefunden. Die Gegenwart ist stärker als die Vergangenheit. Aber das Bewußtsein von der Vergangenheit macht den Menschen erst zum Menschen. Deshalb sollte man sich der Besonderheit unserer Beziehung zu Israel bewußt sein.

Man kann durch Israel reisen und sich unvorbereitet den immer neuen Eindrücken überlassen. Ein kurzer Urlaubsbesuch verführt dazu. Man kann auch bei der Vorbereitung des Guten zu viel tun und eine Besichtigungsplanung aufstellen, die nachher beim besten Willen nicht realisierbar ist. Unsere Empfehlung: Begnügen Sie sich zur Vorbereitung Ihrer ersten Reise mit unseren ,,Grundinformationen" und halten Sie dann im Land die Augen offen. Danach werden Sie beginnen, Fragen zu stellen und sich genauer zu informieren. Und vielleicht ergreift auch Sie das ganz spezielle Fernweh, das sich in dem Abschiedsgruß ausdrückt: Nächstes Jahr in Jerusalem!

Stichworte über das Reisen nach und in Israel

Einreise

Bürger der Bundesrepublik Deutschland benötigen einen gültigen Reisepaß, der nach der Rückkehr noch mindestens 6 Monate gültig sein muß. Vor dem 1.1.1928 Geborene benötigen außerdem ein Visum, das auf Antrag von der Visum-Abteilung der Botschaft des Staates Israel, 5300 Bonn 2 (Bad Godesberg), Simrockallee 2, kostenlos ausgestellt wird.

Zoll

Es empfiehlt sich, vor Reiseantritt die Einfuhrbestimmungen zu lesen, die Sie von Ihrem Reisebüro oder von der Israelischen Botschaft erhalten.

Fotografieren

Kameras müssen bei der Gepäckkontrolle auf Hin- und Rückflug aufgemacht werden, also keine Filme einlegen!

Das Fotografieren in der Nähe militärischer Anlagen und von militärisch wichtigen Einrichtungen (Flugplätze, Bahnhöfe, Brücken, Grenzposten) und vom Flugzeug aus ist verboten.

Filmmaterial ist in Israel sehr teuer. Es dürfen aber 10 Filme zollfrei eingeführt werden.

Reisen in Israel

Israel bietet viele Möglichkeiten, das Land kennenzulernen.

Per Mietwagen: Das Angebot umfaßt im Land alle Kategorien vom einfachen bis zum Komfortwagen.

Reisen in Israel: Mit diesem Vehikel können Sie auf Safari-Tour durch die Wüste gehen

Mit dem Vorzugs-Ticket im **Egged-Bus**. Sehr preiswerte Arrangements für (vornehmlich) Jugendliche, die lieber mit dem Zelt (kann im voraus gemietet werden) reisen.

Im Sammeltaxi, das hier **Sherut** heißt und praktisch jeden größeren Ort im Lande bedient. Preis? Sehr niedrig.

Reisen im **Camper** oder **Wohnmobil**? Nicht billig.

Busrundreisen: Es gibt ein umfangreiches Angebot. Sie wählen u.a. die Kategorie der von Ihnen gewünschten Unterbringung.

Entfernungen in Israel

Von Tel Aviv nach:		Von Be'ér Shevã nach:	
Jerusalem	60 km	Arad	45 km
Be'ér Shevã	110 km	En Boqek	75 km
Ashqelon	55 km	Massada	90 km
Tverya	125 km	Elat	230 km
Caesarea	50 km		
'En Hod	80 km	Von Tverya nach:	
Haifa	90 km	Capernaum	15 km
Elat	335 km	Zfat	35 km

Von Haifa nach:		Von Jerusalem nach:	
'Akko	25 km	Jericho	35 km
Nahariyya	35 km	Qumran	45 km
Zfat	70 km	Massada	100 km
Nazerat (Nazareth)	35 km	Bet Lehem (Bethlehem)	8 km
Tverya (Tiberias)	65 km	Be'ér Sheva	80 km
		Elat	315 km

Autofahren

Verkehrszeichen, Hinweisschilder und Ortstafeln sind vorwiegend in hebräischer, arabischer und englischer Sprache. Geschwindigkeit ist auf 80 km/h, in Ortschaften auf 50 km/h und auf Autobahnen auf 90 km/h begrenzt. Außerhalb von Ortschaften besteht Anschnallpflicht.

Es gelten die internationalen Regeln: rechts fahren, links überholen. Ein deutscher Führerschein wird anerkannt, auch der internationale.

Tankstellen sind nachts und am Shabbat vorwiegend geschlossen. Der israelische Automobilclub ist den internationalen Clubs angeschlossen und bietet Mitgliedern kostenlos Serviceleistungen.

Camping

Campingplätze gibt es in beachtlicher Zahl. Sie liegen oft in der Nähe vielbesuchter historischer Stätten und sind gut ausgestattet. Dennoch auf Wertsachen achten!

Hotels

Die Hotellerie in Israel verfügt über ein Angebot von der billigen Jugendherberge (mit Mehrbettzimmern) bis zum Luxushotel. Die Kategorisierung wird nach 5 Sternen vorgenommen. Das 3-Sterne-Hotel entspricht ungefähr dem europäischen Mittelklasse-Niveau und empfiehlt sich insbesondere für Rundreisen, da dieser Typus nahezu über das ganze Land verteilt ist.

Kibbuz-Gästehäuser

Viele der rund 250 Kibbuzim verfügen über Gästehäuser, deren Komfort dem eines guten Mittelklassehotels entspricht. Gäste können sich mit den Bewohnern treffen, den Kibbuz besichtigen und so eine besondere Lebensform kennenlernen.

Holiday Villages

Einigen Kibuzzim angegliedert sind sogenannte Holiday Villages, die es den Gästen ermöglichen, ,,Urlaub für schmale Geldbörsen'' zu machen.

Die Villages bestehen teilweise aus einfach, aber zweckmäßig eingerichteten Holzhäusern oder auf festen Campingwagen, die jedoch für den Familienurlaub innerhalb des Kibbuz-Geländes voll eingerichtet sind.

Sie können sich entweder selbst verpflegen (kleine Supermärkte am Ort) oder Halbpension im Kibbuz-Gästehaus buchen. Die Holiday Villages gibt es in:

Ramot — Golan Höhen
'En Gév — See Genezareth
'En Gedi — Totes Meer
Hof Dor — Mittelmeerküste
Ye'elim — Negev

Jugendherbergen

Über 30 staatliche Jugendherbergen sind in der ,,Israels Youth Hostels Association'' zusammengeschlossen. Hier gibt es für Gäste keine Altersbegrenzung. Mahlzeiten gehören zum Preis. Bettücher werden gestellt.

Auskünfte: Israels Youth Hostels Association. Dorot Rishonim St. 3, Jerusalem. P.O.B. 1075.

Klimazonen

1. Die Küstenebenen zum Mittelmeer hin mit mediterranem Klima.
2. Das Bergland von Galiläa und Jerusalem mit gelegentlichen Schneefällen im Winter.
3. Die Wüste Negev; vorwiegend felsig, mit einzelnen Regengüssen in der Winterzeit.

14

4. Der tiefe Erdgraben (Jordan-Graben), durch den im nördlichen Teil der Jordan bis hinunter zum Toten Meer fließt und der sich fortsetzt in der Arava-Senke bis zum Roten Meer: Heiße, oft feuchte Witterung.

Temperaturen

	Tel Aviv	Jerusalem	Haifa
Januar	9,4 - 18,3	6,0 - 11,1	9,4 - 18,3
Februar	8,7 - 18,8	6,5 - 14,1	8,7 - 18,8
März	10,1 - 20,3	8,4 - 16,1	10,1 - 20,3
April	12,4 - 22,3	11,7 - 20,8	12,4 - 22,3
Mai	17,3 - 25,0	15,3 - 25,2	17,3 - 25,0
Juni	19,3 - 28,2	17,4 - 27,4	19,3 - 28,2
Juli	21,0 - 29,1	18,7 - 28,6	21,0 - 29,2
August	22,1 - 29,6	18,7 - 29,7	22,1 - 29,8
September	20,3 - 29,4	18,0 - 27,7	20,3 - 29,4
Oktober	15,0 - 28,8	15,8 - 25,5	15,0 - 28,8
November	12,2 - 24,5	12,3 - 18,8	12,2 - 24,5
Dezember	8,8 - 19,0	6,9 - 14,5	8,8 - 19,0

Kleidung

Aus klimatischen Gründen ist legere Kleidung überall üblich. Nur wenn Sie wirklich luxuriös ausgehen möchten, sollten Sie sich ,,in Schale'' werfen.

Beim Besuch religiöser Stätten sind jedoch einige Vorschriften zu beachten. Frauen werden in Synagogen und Moscheen nur mit bedeckten Armen und Schultern eingelassen. Miniröcke und Shorts sind verboten. Es ist zu empfehlen, immer ein Kopftuch bei sich zu tragen.

Männer mit kurzen Hosen und nacktem Oberkörper werden nicht eingelassen. Beim Betreten einer Synagoge müssen sie eine Kopfbedeckung aufsetzen.

Moscheen dürfen von Männern und Frauen nur ohne Schuhe betreten werden.

Gesundheit

Der Gesundheitsdienst in Israel ist hervorragend. Sollten Sie einen Arzt brauchen, wenden Sie sich an Ihre Hotelrezeption oder an die Israelische Ärztevereinigung (Tel Aviv, Tel. 03-25 69 83).

Einen Notarzt erreichen Sie rund um die Uhr in den Erste-Hilfe-Zentren des Magen David Adom (Is. Rotes Kreuz).

Stromspannung

220 Volt Wechselstrom. Empfehlenswert ist die Mitnahme eines
3-Phasen-Steckers als Adapter. Schuko-Stecker passen nicht in Israels
Steckdosen.

Einkaufen

In Israel kann man günstig Diamanten, Schmuck, Silbergegenstände,
Modekleidung, Teppiche, Keramik, Kupfer, Kunst- und Kultgegen-
stände kaufen. Jüdische Läden sind samstags, christliche sonntags und
muslimische freitags geschlossen.
    Geschäftszeiten normalerweise 8.00 - 13.00 Uhr und 16.00 - 19.00
Uhr.
    Am Freitag und am Vorabend zu jüdischen Feiertagen schließen die
Geschäfte bereits um 14.00 Uhr.

Banköffnungszeiten

Sonntag, Montag, Dienstag und Donnerstag 8.30 - 12.30 Uhr und 16.00
- 17.30 Uhr. Mittwochs 8.30 - 12.00 Uhr. Freitags und vor jüdischen Feiertagen 8.30 - 12.00 Uhr. Zweigstellen in Hotels und am Flughafen gelegentlich auch außerhalb dieser Zeiten.

Telefonieren

Für öffentliche Fernsprecher benötigt man Telefonmünzen (asimonim),
die man im Postamt und an Kiosken erhält. Rund um die Uhr kann man
in den zentralen Telegrafenämtern telefonieren. Innerhalb der regulären
Öffnungszeiten in allen Postämtern.

Feiertage und Shabbat

Die jüdischen Feiertage richten sich jährlich nach dem jüdischen Kalender und variieren entsprechend: Pessah im April, Yom Ha'azma'ut (Unabhängigkeitstag Israels) im Mai, Shawuot im Juni, Tish'a be'aw im Au-
gust, Rosh Hashana (Neujahr) im September, Yom Kippur im Septem-
ber/Oktober, Sukkot (Laubhüttenfest), Shmini Azeret (Schlußfest) und
Simchat Torá (Fest der Gesetzesfreude) im Oktober.

An Feiertagen und Shabbat (Freitag Sonnenuntergang bis Samstag Sonnenuntergang) schließen die Geschäfte und viele Restaurants. Der öffentliche Verkehr ruht. Daran sollten vor allem Autofahrer und Selbstversorger denken.

Trinkgelder

Üblich sind ca. 10 bis 15 Prozent.

Adressen

Tel Aviv: Government Tourist Office, Mendele Str. 7
Jerusalem: Government Tourist Office, King George Str. 24
Haifa: Government Tourist Office, Herzl Str. 18
Be'ér Shevā: Government Tourist Office, Yitzchak ben Avi Str.
Tverya: Government Tourist Office, Nazrat Str. 8
Botschaft der Bundesrepublik Deutschland in Israel: 16, Soutine Str., Tel Aviv, P.O. Box 16038, Tel 24 31 11 - 5

Straßenszene in Jerusalem

17

Die Besonderheit der
deutsch-israelischen Beziehungen

Niemals zuvor in der Geschichte der zivilisierten Menschheit gab es ein Verbrechen, das mit dem der Deutschen am jüdischen Volk vergleichbar wäre. Dies gilt nicht nur für die Zahl der Ermordeten, sondern auch für den bürokratischen und technischen Aufwand, mit dem die NS-Todesmaschine betrieben wurde. Etwa sechs Millionen Juden wurden von den Nationalsozialisten ermordet — aus Polen, aus Rußland, aus Deutschland und aus dem übrigen Europa — unvorstellbare Zahlen und Leiden.

Holocaust

Hitler und seine Anhänger hatten von Anfang an keine Unklarheit darüber aufkommen lassen, daß der Antisemitismus, der irrationale Haß auf alle Juden, das sie treibende Motiv war. Rassengesetze, Ausschreitungen, Pogrome, die ,,Reichskristallnacht'' vom November 1938 waren die Vorläufer dessen, was nach der berüchtigten Wannseekonferenz von 1942 in die Tat umgesetzt wurde: der gleichsam industriell betriebene Mord an den Juden in den eigens dafür gebauten Vernichtungslagern des polnischen Ostens. Diese beispiellose Perversion menschlichen Denkens und Handelns wird heute oftmals mit dem Begriff ,,Holocaust'' umschrieben. Das griechische Wort bedeutet ,,völlig verbrannt'', das englische ,,Brandopfer''. Was Hitler von Tyrannen vor ihm unterschied war die Tatsache, daß er eben nicht nur eine Politik der verbrannten Erde betrieb, sondern eine der verbrannten Menschen. Der Holocaust war das Verbrechen an sich. Daß es stattfinden konnte, mit Wissen und Beteiligung von Tausenden von Deutschen, ist erschreckend.
Der Völkermord bleibt unbegreiflich, trotz zahlloser anderer Untaten in der Menschheitsgeschichte, denn der Judenmord wurde von einem zivilisierten Volk begangen, dessen christliche Religion und aufgeklärte Philosophie solches undenkbar hätten machen müssen. Die ideologische Verteufelung der Juden war Ursache und Voraussetzung.

Das Trauma der Verfolgung

Zu den Opfern des Massenwahns gehören aber nicht nur die Ermordeten, auch nicht nur die wenigen, die der physischen Vernichtung entgangen sind. Sondern jeder Jude, der heute in Israel oder anderswo lebt, ist eines dieser Opfer, denn in jedem von ihnen hat der nationalsozialistische Völkermord ein seelisches Trauma ausgelöst. Konsequenz dieser traumatischen Erfahrung eines ganzen Volkes ist der unumstößliche Wille, sich als Religionsgemeinschaft, als Volk und nunmehr auch als Staat nie wieder schutz- und wehrlos darzubieten. Das sollte sich vor Augen führen, wer die Argumente, die von Israelis für die notwendige Sicherheit ihres Staates vorgebracht werden, mit leichter Hand beiseitezuschieben geneigt ist.

Der jüdische Staat

Von den wenigen, die dem Holocaust entkommen konnten, gingen die meisten nach Palästina und halfen mit, den Staat Israel zu gründen. Niemand vermag zu sagen, ob nicht auch ohne den Völkermord ein jüdischer Staat in Palästina entstanden wäre. Sicher aber ist, daß nach fast 2000 Jahren der Diaspora mit ihrem mörderischen Höhepunkt in der Zeit des Nationalsozialismus die Sehnsucht, endlich eine eigene Heimstatt zu haben, der Erfüllung bedurfte.

Die Wiedergutmachung

Die Bundesrepublik Deutschland hat sich seit ihrer Gründung 1949 zur moralischen Verantwortung der Deutschen insbesondere gegenüber dem jüdischen Volk bekannt. Sich dazu zu bekennen hieß auch, die Existenz des Staates Israel zu unterstützen. Die Bundesrepublik leistete ab 1952 materielle Wiedergutmachung. Israel hatte sich am 12. März 1951 in Noten an die vier Besatzungsmächte Deutschlands gewandt, in denen es seine Forderungen an Deutschland darlegte. Darin hieß es: ,,Keine Schadensersatzzahlung kann die zerstörten menschlichen Leben und kulturellen Werte gutmachen oder die Folterungen und Leiden der Männer, Frauen und Kinder abzahlen, die durch alle nur erdenklichen Mittel einer viehischen Einbildungskraft getötet worden sind. Die Toten können nicht wieder zum Leben gebracht werden. Ihre Leiden können nicht ausgelöscht werden. Was man aber verlangen kann, ist, daß das deutsche Volk aufgefordert wird, das gestohlene jüdische Eigentum zurückzuerstatten und die Kosten der Wiedereingliederung der Überlebenden zu tragen."

Was die israelische Regierung damit sagen wollte, war klar: Die Wiedergutmachung konnte die Geschichte nicht auslöschen. Finanzielle Leistungen der Bundesrepublik waren keine gewöhnliche Hilfe, wie sie von Industrienationen an junge Staaten geleistet wird. Vielmehr sollte die Wiedergutmachung ausdrücklich als ein deutscher Beitrag verstanden werden, die materiellen Folgen des Nationalsozialismus für die Bewohner des jungen jüdischen Staates zu lindern. Immerhin mußte Israel in den ersten Jahren seiner Existenz (seit 1948) etwa eine halbe Million Menschen, die in Europa als Juden den nationalsozialistischen Exzeß überlebt hatten, aufnehmen und integrieren.

Die Bundesregierung erkannte den Anspruch Israels ausdrücklich an. In einer Regierungserklärung vor dem Deutschen Bundestag ließ Bundeskanzler Konrad Adenauer im September 1951 keine Zweifel daran, daß er in der Wiedergutmachung vor allem eine moralische Verpflichtung der Deutschen gegenüber dem jüdischen Volk sah. Am 20. März 1952 wurden in Wassenaar bei Den Haag die deutsch-israelischen Verhandlungen darüber aufgenommen. Diese Verhandlungen gestalteten sich trotz aller grundsätzlichen Bereitschaft Bonns sehr schwierig, weil die Summen, um die es ging, eine schwere Last für die gerade erst im Aufbau begriffene Bundesrepublik darstellen würden. Adenauer war jedoch zu der Überzeugung gekommen, daß eine solche Wiedergutmachung nur dann die Glaubwürdigkeit der Bundesrepublik erhöhen konnte, wenn es sich nicht nur um eine symbolische Zahlung handeln würde. In seinen Erinnerungen schrieb der erste Bundeskanzler: ,,Ich war mir darüber klar, daß, wenn es der Bundesregierung gelingt, zu einem Ausgleich mit Israel und mit den jüdischen Weltorganisationen zu kommen, das für die Bundesrepublik Deutschland ein politisches Ereignis war, das mindestens in die gleiche Reihe gestellt werden mußte mit dem Deutschlandvertrag und mit dem Vertrag über die europäische Verteidigungsgemeinschaft."

Mit diesem Staatsvertrag über die Wiedergutmachung, der am 10. September 1952 in Luxemburg von Adenauer und dem israelischen Außenminister Moshe Sharett unterzeichnet wurde, machte Bonn, wie der Bundeskanzler formulierte, ,,die moralische Verpflichtung des deutschen Volkes zu einer Rechtsverpflichtung". In dem Abkommen verpflichtete sich die Bundesrepublik, innerhalb von 14 Jahren an Israel einen Betrag von 3 Milliarden DM zu zahlen. Da zunächst nicht genügend Devisen zur Verfügung standen, akzeptierte Israel die überwiegende Abgeltung in Form von Warenlieferungen. Außerdem sagte Bonn zu, der Conference On Jewish Material Claims Against

Das Mahnmal von Yad Vashem

Germany 450 Millionen DM zur Unterstützung jüdischer Flüchtlinge außerhalb Israels zur Verfügung zu stellen.

Begegnungen

Die Anerkennung jüdischer Ansprüche auf Wiedergutmachung machte den Weg für die Entwicklung zwischenstaatlicher Beziehungen frei. Es dauerte zwar noch fast acht Jahre, bis Adenauer auf neutralem Boden in New York mit dem israelischen Ministerpräsidenten David Ben Gurion zusammentraf. Aber ohne das Luxemburger Abkommen wäre selbst diese späte Begegnung nicht möglich gewesen. Der tiefe Respekt, den fortan Adenauer und Ben Gurion füreinander empfanden, hat sicher wesentlich dazu beigetragen, daß beide Völker, wenn auch zögernd, wieder aufeinander zugehen konnten. Von „normalen" Beziehungen konnte und kann angesichts der geschichtlichen Belastung aber keine Rede sein. Symptomatisch waren antideutsche Demonstrationen in Israel, als der erste Botschafter der Bundesrepublik, Rolf Pauls, nach der Aufnahme voller diplomatischer Beziehungen durch eine Entscheidung Ludwig Erhards im Jahre 1965 sein Amt antrat. Im Jahre 1973 reiste Bundeskanzler Brandt nach Israel. Sein Besuch wurde zwei Jahre später vom israelischen Ministerpräsidenten Itzhak Rabin in der Bundesrepublik erwidert.

21

Yad Vashem

Das Gedenken an die 6 Millionen ermordeter Juden gehört unmittelbar zum Leben der Israelis. Das eindrucksvollste Zeugnis davon legt die Gedenkstätte Yad Vashem in Jerusalem ab. Sie liegt auf dem Berg Hasikaron im Westen der Stadt. Ihre Eindringlichkeit entzieht sich weitgehend der verbalen Wiedergabe. Jeden Morgen findet eine Gedenkzeremonie statt. Eine Ausstellung mit dem Namen ,,Warnung und Zeugen" dokumentiert in Bildern die grauenhaften Geschehnisse während des Nationalsozialismus, vor allem in den Vernichtungslagern. In einem großen Archiv sind die Leidensgeschichten aller namentlich bekannten Opfer, soweit sie sich durch Zeugenaussagen ermitteln ließen, eingetragen worden. Aus der abstrakten Zahl sechs Millionen hebt sich plötzlich das Leid des einzelnen Opfers ab. Yad Vashem — das bedeutet ,,ein Denkmal und ein Name". Viele Namen benennen dort grauenvolle Schicksale. Zu beiden Seiten der zur großen Halle von Yad Vashem führenden Straße, die ,,Allee der rechtschaffenen Nichtjuden" heißt, sind die Namen von Menschen aus vielen Ländern verzeichnet, darunter auch deutsche, die zum Teil unter eigener Lebensgefahr jüdischen Verfolgten in irgendeiner Form geholfen haben.

Ein Dokument der Terrors — aufbewahrt in Yad Vashem

Der Staat Israel

Chronik des modernen Israel

1917   Die britische Regierung bekundet in einer nach ihrem Au-
        ßenminister Lord Balfour benannten Deklaration die Ab-
        sicht, in Palästina die Entstehung einer ,,nationalen Heim-
        stätte" des jüdischen Volkes zu fördern.

1920   Großbritannien erhält vom Völkerbund das Mandat über Pa-
        lästina.

1936   Ein Aufstand der palästinensischen Araber richtet sich glei-
        chermaßen gegen die britische Mandatsmacht wie gegen die
        Masseneinwanderung von Juden.

1939   Die Briten drosseln die Einwanderung und machen Landkauf
        durch jüdische Organisationen unmöglich.

1947   Großbritannien überläßt die Lösung der Palästinafrage den
        Vereinten Nationen. Diese schlagen die Teilung Palästinas in
        ein jüdisches und ein arabisches Gebiet vor.

1948   Auf der Grundlage des UNO-Beschlusses wird am 14. Mai
        von David Ben Gurion die Gründung des Staates Israel pro-
        klamiert. Ben Gurion wird Ministerpräsident, Chaim Weiz-
        mann erstes Staatsoberhaupt.

1948   Am Tag der Staatsgründung fallen die Armeen Ägyptens, Sy-
        riens, Transjordaniens, Iraks und des Libanon in Israel ein.

1949   Ein Waffenstillstandsabkommen am 3. Juli 1949 beendet die
        Kampfhandlungen. Provisorische Grenzen werden ver-
        einbart.

1952   Zwischen Israel und der Bundesrepublik Deutschland wird
        das Luxemburger Abkommen über die finanzielle Wieder-
        gutmachung geschlossen.

1955   Ben Gurion übernimmt erneut das Amt des Ministerpräsi-
        denten.

1956	Nach der Verstaatlichung des Suez-Kanals durch Ägypten beginnen Großbritannien und Frankreich den Sinai-Feldzug, dem sich Israel zur Sicherung seiner Grenzen anschließt. Heftiger Protest der USA zwingt sie jedoch, das Unternehmen zu beenden.
1963	Nachfolger des zurückgetretenen Ben Gurion wird Levi Eschkol.
1967	Aggressive Maßnahmen (z.b. Sperrung des Zugangs nach Elat) der arabischen Nachbarstaaten, führen am 5. Juni zum Sechs-Tage-Krieg. Israel besetzt die Sinai-Halbinsel, die Golanhöhen, die Westbank sowie den Gaza-Streifen und führt die Wiedervereinigung des seit 1949 geteilten Jerusalem herbei.
1968	Nach dem Tode Levi Eschkols wird die Außenministerin Golda Meir Ministerpräsidentin.
1973	Ägypten schlägt am 5. Oktober 1973, am jüdischen Versöhnungstag (Yom Kippur) auf dem Sinai gegen Israel los. Auch Syrien greift Israel zur gleichen Zeit an.
1974	Isarael schließt mit Ägypten und Syrien ein Truppenentflechtungsabkommen.
1974	Golda Meir tritt zurück. Ihr Nachfolger wird Jitzhak Rabin.
1977	Bei den Wahlen im Mai verliert die bisher mit einer Koalition (Máarah) regierende Arbeiterpartei (Mapai). Der Chef des konservativen Likud-Blocks, Menachem Begin, wird Ministerpräsident einer Koalitionsregierung.
1977	Im November stattet der ägyptische Präsident Anwar el Sadat Jerusalem seinen historischen Besuch ab und spricht vor der Knesset, dem israelischen Parlament.
1978	Unterzeichnung des Rahmenabkommens von Camp David am 17. September 1978 zwischen Israel, Ägypten und der Garantiemacht USA.
1979	Friedensvertrag zwischen Israel und Ägypten am 26. März 1979. Darin wird die Rückgabe des Sinai an Ägypten bis 1982 festgelegt.
1982	Einmarsch israelischer Truppen in den Libanon. Ziel ist die Sicherung des israelischen Nordens gegen Angriffe der PLO.
1983	Ein Truppenrückzugsabkommen mit dem Libanon wurde auf Druck Syriens nicht verwirklicht.

Begin tritt als Ministerpräsident zurück. Sein Nachfolger
wird Yitzhak Shamir.

1984   Neuwahlen zur 11. Knesset. Entstehung einer Regierung der
              nationalen Einheit (Ma'arach) unter Shimon Perress.

Das Staatswesen

Israel ist eine parlamentarische Demokratie westlichen Musters, in der
die Gewaltenteilung zwischen Gesetzgebung, Regierung und Rechtsprechung eingehalten wird. In seiner demokratischen Beschaffenheit
unterscheidet sich der jüdische Staat inmitten einer islamischen Um-
welt von seinen Nachbarn: Libanon im Norden, Syrien im Nordosten,
Jordanien im Osten und Ägypten im Südwesten.

Die Staatsorgane

Der **Präsident** als repräsentatives Oberhaupt des Staates wird vom Parlament, der Knesset, für die Dauer von fünf Jahren gewählt. Er kann für
die gleiche Dauer einmal im Amt bestätigt werden. Die Aufgaben des
Präsidenten beschränken sich im wesentlichen darauf, einen Abgeordneten der Knesset mit der Regierungsbildung zu beauftragen, die Minister und Botschafter sowie auf Vorschlag des Justizministers die Richter
und auf Vorschlag des Parlaments den Staatskontrolleur zu ernennen.
Politische Macht im eigentlichen Sinne besitzt das Staatsoberhaupt
nicht.

Die **Knesset** ist das aus einer Kammer bestehende Parlament. Die
120 Abgeordneten werden alle vier Jahre nach dem Verhältniswahlrecht
vom Volk gewählt. Wahlberechtigt sind alle israelischen Staatsbürger,
die das 18. Lebensjahr vollendet haben. Jede neue Regierung muß vom
Parlament bestätigt werden.

Die **Regierung**, an deren Spitze der Ministerpräsident steht, ist der
Knesset kollektiv verantwortlich. Das heißt, das Parlament kann nicht
einen einzelnen Minister abwählen, sondern nur das gesamte Kabinett.

Eine Institution besonderer Art ist der **Staatskontrolleur**. Er wird für
die Dauer von fünf Jahren ernannt, ist keiner anderen Autorität unter-
stellt und soll Rechtmäßigkeit sowie Wirtschaftlichkeit des Handelns
von Regierung und Verwaltung überprüfen. Damit ist er sowohl eine
Ergänzung zu der auch in Israel vorhandenen Verwaltungsgerichtsbar-
keit, als auch eine Art Rechnungshof. 1971 wurde dem Staatskontrolleur zusätzlich die Aufgabe eines **Ombudsmannes** übertragen, an den

sich jeder Einwohner wenden kann, wenn er Probleme mit Organen des Staates hat.

Die Parteien

Traditionell schließen sich in Israel einzelne Parteien mit anderen Gruppierungen zu Parteienblöcken zusammen. Auf diese Weise stehen sich hauptsächlich drei Formationen gegenüber: der konservative **Likud**-Block, der sozialistische **Maarah** sowie die **religiösen** Parteien. Zum Likud gehören die Cherut-(,,Freiheit''-)Bewegung, die 1948 aus der zionistischen Untergrundorganisation Irgun Zwai Leumi hervorging, die Liberale Partei sowie die National-radikale Partei, die sich wiederum aus mehreren kleineren Gruppierungen zusammensetzt. Dem Maarah gehören die 1930 gegründete Mapai, also die sich als sozialdemokratisch verstehende Arbeiterpartei, sowie die linkssozialistische Achdut Haawoda, der rechts von der Mapai stehende, aus ihr hervorgegangene Rafi sowie die (bis 1984) zionistisch-sozialistisch orientierte Mapam an.

Innerhalb des religiösen Blocks ist die Nationalreligiöse Partei (Mafdal) die stärkste Kraft. Ferner gehören diesem Zusammenschluß die bereits 1912 gegründete Agudat Israel an, das wichtigste politische Instrument der Orthodoxen, die in der bestehenden Form nicht einmal die Existenz des Staates Israel akzeptieren, weil ihrer Ansicht nach erst der Messias diesen Staat schaffen darf, sowie die religiöse Arbeiterpartei Poalei Agudat Israel. Andere Parteien, einschließlich der Kommunisten, sind zwar in der Knesset vertreten, spielen aber keine so wichtige Rolle wie die Parteienblöcke.

Die Rechtsordnung

Auf eine geschriebene **Verfassung** wurde in Israel seit der Staatsgründung verzichtet, weil man stets Konflikte hinsichtlich der dann notwendigen Definition des Status der Minderheiten im Lande befürchtete. Stattdessen wurden bestimmte Gesetze, zum Beispiel das über die Gewährung der Menschenrechte, zu ,,**Grundgesetzen**'' erklärt. Im einzelnen enthält das israelische Recht noch zahlreiche Elemente des ottomanischen sowie des angelsächsischen Rechts. Außerdem haben die verschiedenen Religionsgemeinschaften in Personenstandsangelegenheiten eine autonome Rechtsprechung. Die rabbinischen Gerichte stützten sich dabei auf den aus dem Mittelalter stammenden Normenkatalog ,,Halacha'', dessen Anwendung jedoch vielfach Probleme bereitet. So

26

dürfen nach der Halacha Männer, deren Familien in biblischer Zeit dem Priesterstand angehörten — sie sind an ihrem Familiennamen Cohen oder dessen abgewandelten Formen erkennbar — bis heute keine geschiedenen Frauen heiraten, und Witwen, deren Mann einen unverheirateten Bruder zurückgelassen hat, dürfen erst wieder heiraten, wenn dieser auf sein Vorzugsrecht verzichtet hat.

Die **zivile Gerichtsbarkeit** mit dem Obersten Gerichtshof an der Spitze kann nach angelsächsischem Recht auch Entscheidungen der Verwaltung aufheben. Allerdings kann der Oberste Gerichtshof im Gegensatz etwa zum Bundesverfassungsgericht in der Bundesrepublik Deutschland Gesetze, die von der Knesset verabschiedet wurden, nicht aufheben.

Die **Todesstrafe** gilt in Israel nur für Landesverrat sowie für Verbrechen an Juden in der Nazizeit. Sie ist in der Geschichte Israels erst ein einziges Mal vollstreckt worden, nämlich 1962 am Leiter des ,,Judenreferats'' im ,,Reichssicherheitshauptamt'', Adolf Eichmann.

Eine Sonderstellung innerhalb der israelischen Einflußsphäre nehmen das besetzte Westjordanien und der ebenfalls okkupierte Gaza-Streifen ein. In Westjordanien, das oftmals auch mit seiner englischen Bezeichnung als Westbank in den Schlagzeilen der Zeitungen auftaucht, gilt weiterhin das jordanische Recht. Im Gaza-Streifen, der vor der Eroberung durch Israel unter ägyptischer Militärverwaltung stand, wird unverändert nach ägyptischem Recht verfahren.

Israelis und Araber

Das größte Problem Israels seit der Staatsgründung ist das Verhältnis zwischen dem jüdischen Staat und seinen arabischen Nachbarn. Verstärkt haben sich, insbesondere durch die anhaltende Besetzung der syrischen Golanhöhen, der jordanischen Westbank und des vor 1967 ägyptisch verwalteten Gaza-Streifens die Konflikte mit den Arabern in Israel und den besetzten Gebieten.

Wortführer der sich als Palästinenser verstehenden Araber in Israel und den besetzten Gebieten ist die 1964 gegründete Palästinensische Befreiungsorganisation (PLO), ein Zusammenschluß mehrerer Untergrundbewegungen. Die übrigen arabischen Staaten haben der PLO 1973 das Recht zugesprochen, einzige legitime Vertreterin des palästinensischen Volkes zu sein.

Israel weigert sich, mit der PLO auch nur inoffiziell zu reden. Grund dafür ist das Streben der PLO nach Vernichtung des Staates Israel. So hat für die PLO und die von ihr betriebene Politik immer noch die 1968 in Kairo beschlossene „Palästinensische Nationalcharta" Gültigkeit, die in ihren wesentlichen Passagen ein Existenzrecht Israels ausschließt.

Von den insgesamt drei Millionen Palästinensern leben etwa 700 000 in Westjordanien und annähernd 400 000 im Gaza-Streifen. Ihr Wunsch nach Gründung eines palästinensischen Staates durch Vernichtung des Staates Israel ist, soweit überhaupt noch vorhanden, illusionär. Die internationale Debatte über einen palästinensischen Staat beinhaltet heute eigentlich nur die Frage eines Ministaates in Westjordanien und im Gaza-Streifen. Israel lehnt dies ab.

Die Armee

Wichtigstes Instrument Israels im Kampf um die Erhaltung der eigenen Existenz sind die Streitkräfte. Die Armee entstand 1948 aus der jüdischen Untergrundorganisation Hagana und anderen Kampfverbänden. Jeder Israeli über 18 Jahre muß Wehrdienst leisten, die Männer für 36, die Frauen für 24 Monate. Die Streitkräfte setzen sich aus drei Komponenten zusammen: Neben der aus Offizieren und Unteroffizieren bestehenden professionellen Armee gibt es die Wehrpflichtigen und eine im Kriegsfall schnell zu mobilisierende Reserve, der alle diensttauglichen Männer bis zum 55. Lebensjahr und unverheiratete Frauen im Alter bis zu 34 Jahren angehören.

In enger Verbindung mit der Armee stehen zwei Jugendverbände: der Nachal, die kämpfende Pionierjugend, deren Angehörige nach einer intensiven militärischen Ausbildung in strategisch wichtigen Regionen siedeln, sowie der Jugendverband Gadna für Jungen und Mädchen vom 14. Lebensjahr an, der einerseits Pfadfindercharakter hat, andererseits der vormilitärischen Schulung dient. Durch die Zusammenführung von Jugendlichen, deren jüdische Eltern aus den unterschiedlichsten Staaten und Kulturkreisen kommen, hat die Armee in Israel auch eine stark integrierende Funktion.

Die Medien

Angesichts der politischen Spannung, in der Israel permanent lebt, ist es nicht verwunderlich, daß die Medien als Informationsquellen ausgiebig genutzt werden. Von den über 14 Jahre alten Israelis lesen 80 Prozent mindestens eine Tageszeitung und davon wiederum 35 Prozent sowohl eine Morgen- als auch eine Mittagszeitung. Täglich erscheinen zahlreiche Blätter in einer Gesamtauflage von einer halben Million. Die Auflage der reinen Parteizeitungen ist kontinuierlich gesunken, die der unabhängigen Blätter gestiegen. Zu den einflußreichsten Publikationsorganen gehören die Morgenzeitung ,,Haarez" sowie die Mittagsblätter ,,Maariv" und ,,Jediot Aharonot". Internationalen Rang hat die englischsprachige ,,Jerusalem Post". Nach wie vor gibt es auch eine Zeitung in deutscher Sprache, die ,,Israel-Nachrichten", deren Gewicht in der israelischen Medienlandschaft jedoch gering ist. Auch eine Reihe arabischer Zeitungen erscheint in Israel.

Für das Gebiet der öffentlichen Sicherheit gibt es eine militärische Vorzensur, der alle Zeitungen sowie Hörfunk und Fernsehen unterworfen sind.

Die Medienstruktur ist insofern ähnlich der in der Bundesrepublik Deutschland, als Zeitungen, Zeitschriften und andere gedruckte Periodika privatwirtschaftlich betrieben werden, wohingegen Hörfunk und Fernsehen öffentlich-rechtlich organisiert sind. Die Kontrolle des Rundfunks, in dem oppositionelle Stimmen ebenso zu Worte kommen wie regierungsamtliche, erfolgt durch ein Gremium, dem Vertreter aller Bevölkerungskreise sowie gesellschaftlich relevanter Gruppen angehören. Eine direkte Staatsaufsicht wird auf diese Weise vermieden. Täglich wird sowohl im Hörfunk als auch im Fernsehen ein mehrstündiges arabisches Programm gesendet.

Einwanderung und Integration

Ideologisches Fundament der Einwanderung von Juden nach Israel ist der **Zionismus.** „Zion" stellt ein alttestamentarisches Synonym für Jerusalem dar. Zionismus bezeichnet also die Sehnsucht der Juden nach dem Gelobten Land. Bis auf eine winzige Minderheit lebten die Juden in den vergangenen 2000 Jahren in der Diaspora („Zerstreuung"), in der sie immer wieder unerwünscht waren, verfolgt und in Ghettos abgeschoben wurden. Das heute gebräuchliche Wort „Ghetto" stammt aus dem 14. Jahrhundert, als das jüdische Viertel Venedigs so hieß. In Warschau hat dieser Name während der Zeit der Besetzung durch die Truppen des nationalsozialistischen Deutschlands einen blutigen Sinn erhalten. Im Warschauer Ghetto wurden Hunderttausende von Juden auf engstem Raum zusammengepfercht und der Möglichkeit zu arbeiten, sich zu ernähren und ein menschenwürdiges Dasein zu führen, beraubt. In ihrer Verzweiflung erhoben sich die 1943 dort noch lebenden Juden gegen das Terrorregime. Erst nach zwei Monaten, am 16. Mai 1943, war der Aufstand von den Deutschen endgültig niedergeschlagen.

Ursprünge

Der moderne Zionismus ist eine national-emanzipatorische Idee aus dem 19. Jahrhundert. Aber seine Ursprünge sind älter. Bereits die Rückkehr aus der babylonischen Gefangenschaft 538 vor Christus entsprach der Verheißung des 137. Psalms: „Wie können wir des Herren Lied auf fremder Erde singen? Wenn ich dich vergesse, Jerusalem, wird meine Rechte verdorren. Die Zunge wird an meinem Gaumen kleben, wenn ich deiner nicht gedenke, wenn ich nicht Jerusalem zum Gipfel aller Freude mache."

Pogrome

In den zweitausend Jahren der Diaspora waren die Juden fast immer irgendwo der Verfolgung ausgesetzt. Maßgeblicher Auslöser für die Entwicklung einer modernen zionistischen Theorie waren die Pogrome in Rußland. Pogrom bedeutet das wahllose Niedermetzeln wehrloser Juden. Der erste Pogrom, dem noch viele folgen sollten, brach in Rußland 1881 aus. Auch aus der Pogromerfahrung entstand der Gedanke einer eigenständigen jüdischen Nation.

Theodor Herzl

Als Wegbereiter der zionistischen Idee gilt **Theodor Herzl,** der als junger Korrespondent einer österreichischen Zeitung in Paris gegen Ende des 19. Jahrhunderts die Welle des Rassenhasses in Frankreich erlebte. Der Justizskandal um den in klarer Rechtsbeugung zu lebenslanger Kerkerhaft verurteilten jüdischen Hauptmann Alfred Dreyfus, dessen Rehabilitierung erst mehr als ein Jahrzehnt später erfolgte, veranlaßte Herzl dazu, sein Buch ,,Der Judenstaat" zu schreiben, mit dem er praktisch die zionistische Bewegung begründete.

Zwei Leitsätze bestimmten seine Thesen: erstens sei die Schaffung eines jüdischen Staates die Lösung des Problems, das die Juden überall in der Welt hatten, und zweitens könne diese Aufgabe nicht durch Hilfe von außen bewältigt werden. Die Juden müßten vielmehr ihre Unabhängigkeit aus eigener Kraft erringen. Seinem Roman ,,Altneuland" stellte Theodor Herzl das Motto voran: ,,Wenn Ihr wollt, ist es kein Märchen." Er fand jedoch auch in den jüdischen Gemeinschaften keineswegs einhellige Zustimung, als er 1897 auf dem Ersten Zionistenkongreß in Basel verkündete, die Juden seien bestrebt, sich ihre Heimat in Palästina, dem Land ihrer Vorfahren, in Gestalt eines Rechtsstaates zu schaffen.

Alijah

Die Einwanderung der Juden nach Palästina wird als Alijah bezeichnet. Das Wort bedeutet ,,Heimkehr" oder ,,Aufstieg". 1882 begann die sogenannte Erste Alijah. Die Zweite Alijah dauerte von 1904 bis zum Beginn des ersten Weltkrieges. Es kamen zunächst vor allem Juden aus Osteuropa; nach dem mißglückten Aufstand in Rußland sehr viele junge Intellektuelle, die als Angehörige der sozialrevolutionären Bewegung sozialistische Gedanken nach Palästina brachten. In den Kubbuzim und Moshawim (siehe ,,Der Kibbuz als Lebensform" und ,,Der Moshaw") haben ihre Vorstellungen vielfach Gestalt gewonnen.

Jüdischer Nationalfonds

Bereits zu Beginn der Zweiten Alijah wurde der „Jüdische Nationalfonds" („Keren Kayemet") gegründet. Ihm oblag es, in Palästina Boden zu kaufen und an Siedler zu verpachten. Bis heute ist diese Institution für die Erschließung des Landes zuständig.

Die Mandatszeit

Mit der 1917 vom britischen Außenminister Lord Balfour formulierten
Deklaration der britischen Regierung, daß in Palästina eine „nationale
Heimstatt für das jüdische Volk" unter Wahrung der Rechte der einhei-
mischen Bevölkerung entstehen solle, hatte London die Sympathie der
Zionisten gewonnen und sich dem Völkerbund zugleich als Mandatsmacht für Palästina empfohlen. Unter Berufung auf die Balfour-
Deklaration kamen immer mehr Juden nach Palästina. Besonders stark
nahm die Einwanderung nach der Machtübernahme der Nationalsozialisten in Deutschland zu. Zwischen 1933 und 1939 kamen 165 000 Juden ins Land ihrer Vorfahren. Die jüdische Bevölkerung wuchs auf
400 000; das war ein Drittel der Gesamtbevölkerung Palästinas. 1936
begann eine Zeit der Unruhe und des Terrors. Arabische Palästinenser
setzten sich gewaltsam gegen die Einwanderung so vieler Juden zur
Wehr. Der Jishuw (jüdische Gesamteinwohnerschaft in Palästina) rea-
gierte mit der Gründung mehrerer Verteidigungsorganisationen, von
denen die Hagana am bekanntesten werden sollte. Revisionistische
Gruppen unter den Juden wie der Lechi und der Irgun Zwai Leumi be-
dienten sich im Kampf gegen die Araber ebenfalls terroristischer
Methoden.

Im Jahre 1939 verfügte die britische Mandatsmacht, daß in den folgenden fünf Jahren jeweils nur noch 10 000 Juden nach Palästina kommen dürften. Daraufhin entwickelte sich eine „illegale" Einwanderung. Die Engländer versuchten, die kleinen Schiffe, die ihre menschli-
che Fracht an der palästinensischen Mittelmeerküste absetzen wollten,
aufzubringen und zurückzuschicken. Zwei dieser völlig übersetzten
Schiffe wurden versenkt; mehr als tausend Menschen kamen dabei ums
Leben. Auch nach dem Zusammenbruch der Hitler-Diktatur, als Hunderttausende von Überlebenden nach Palästina wollten, hielt Großbritannien an seiner strengen Kontingentierung der Einwanderung fest.
Landkauf durch Juden blieb verboten. Der Jishuw befand sich nahezu
im Kriegszustand mit der Mandatsmacht.

Die Menora — eines der zentralen Symbole jüdischen Glaubens (im Hintergrund die Knesset)

Menschen in Israel: Die allgemeine Wehrpflicht gilt auch für Mädchen

Menschen in Israel: Shalom ...

Menschen in Israel: die Beduinen

Menschen in Israel: Eine junge Beduinenfrau beim Einkauf

Menschen in Israel: arabisch-jüdischer Händedruck

Das Ba'hai-Mausoleum Wahrzeichen von Haifa

Die israelische Volkswirtschaft: Industrieanlagen bei Haifa, der grittgrößten Stadt Israels

Die israelische Volkswirtschaft: Der Hafen von Haifa ist der größte des Landes. Er dient sowohl dem Fracht- wie dem Personenverkehr

Die israelische Volkswirtschaft: der Hafen von Ashot südlich von Tel Aviv mit Kraftwerk

Die Geburtskirche in Bethlehem, 336 n. Chr. von Konstantin erbaut; die Kreuzritter gaben ihr dann die festungsähnliche Form

Einwanderung nach der Staatsgründung

Unmittelbar nach der Staatsgründung 1948 setzte eine Masseneinwanderung ein. Zunächst kamen 25 000 Flüchtlinge, die von den Briten auf Zypern interniert waren; dann suchten 70 000 Überlebende des Holocaust in Israel Zuflucht, zugleich mit 30 000 bulgarischen, 30 500 libyschen, 103 000 polnischen und 119 000 rumänischen Juden. Nach dieser ersten Welle nahm Israel ein Jahr später 47 000 Juden aus dem Jemen auf, die auf langen Fußwegen nach Aden gelangt waren und von dort aus nach Israel geflogen wurden. Im März 1950 gestattete die irakische Regierung allen Juden die Ausreise, wovon mehr als 121 000 Gebrauch machten. Insgesamt wuchs die Bevölkerung in den ersten drei Jahren der Unabhängigkeit um 684 000 Personen.

In den folgenden Jahrzehnten der staatlichen Existenz gab es neben der stetigen Einwanderung immer wieder Immigrantenschübe auf Grund bestimmter politischer Ereignisse und Entwicklungen. Nach dem Ungarn-Aufstand 1956 kamen fast 9 000 Juden, praktisch zur gleichen Zeit wie die 14 000 ägyptischen Juden, die im Anschluß an den Sinai-Feldzug Zuflucht in Israel suchten.

Sowjetische Einwanderer

Die besondere Sorge gilt den Juden in der Sowjetunion. Nach den USA, wo sechs Millionen Juden leben, ist die jüdische Gemeinde in der Sowjetunion mit dreieinhalb Millionen die größte der Welt. Bis zum Beginn der siebziger Jahre wurde den sowjetischen Juden die Ausreise generell verwehrt. Das stärkte indes den jüdischen Nationalismus in der Sowjetunion und führte zur Gründung zahlreicher Menschenrechts-Gruppen. Trotz andauernder Schikanen durch die Behörden beantragten 150 000 Juden die Ausreise. Unter dem Druck der Weltöffentlichkeit ließ die Führung in Moskau 1973 schließlich 33 500 Juden nach Israel auswandern.

Integrationsprobleme

Die völlig andere Gesellschaftsordnung erschwert es vielen Einwanderern (hebr.: Olim) aus den Ostblockländern beziehungsweise arabischen Herkunftsländern, sich in Israel zurechtzufinden. Nicht wenige Einwanderer verlassen Israel wieder, um in ein anderes westliches Land zu gehen. Insgesamt kehren etwa 5 Prozent der Olim Israel später wieder den Rücken.

Die Orthodoxen (Strenggläubigen)

Unterbringung

Das dringlichste Problem des jungen jüdischen Staates war und ist die Beschaffung geeigneter Unterkünfte für die Neuankömmlinge. Die Dimension dieser Schwierigkeiten läßt sich erahnen, wenn man bedenkt, daß seit der Staatsgründung mehr als 1,6 Millionen Juden ins Land der Vorväter kamen, um für immer dort zu bleiben. Zunächst behalf sich das Einwanderungsministerium mit der Errichtung von Durchgangslagern. Aus einigen dieser Lager — beispielsweise Jerucham im Negev — entstanden Entwicklungsstädte. Auf Dauer aber mußte man andere Lösungen finden, um eine soziale und gesellschaftliche Isolation zu vermeiden. So wurden in den Städten Israels mittlerweile Übergangswohnungen gebaut, in denen die Immigranten während des ersten halben Jahres ihres Aufenthaltes unterkommen.

Ulpanim

Integration der Einwanderer ist ohne Vormittlung der neuhebräischen Sprache nicht möglich. Aus diesem Grunde wurden von der Jewish Agency, einer seit 1929 bestehenden Hilfsorganisation, sogenannte Ulpanim eingerichtet: Ausbildungsstätten, die Intensivkurse in Hebräisch anbieten. Für Angehörige akademischer Berufe gibt es außerdem besondere Ulpanim, um diesen Immigranten in sechsmonatigem Unterricht einen auch höheren Anforderungen entsprechenden Kenntnisstand des Hebräischen zu vermitteln.

Besuchen Sie das Einwanderermusium bei Kefar Gil'adi, wo die Geschichte der Aliot (Mehrzahl von Alijah) dokumentiert wird. Sehenswert ist auch das Diasporamuseum in Tel Aviv.

Die israelische Volkswirtschaft

Die rasante wirtschaftliche Entwicklung Israels hatte ihren Ausgangspunkt im Agrarbereich. Jüdische Einwanderer, die gegen Ende des 19. Jahrhunderts ins Land kamen, schufen zunächst eine noch relativ bescheidene landwirtschaftliche Infrastruktur. Auch noch zur Zeit der Staatsgründung 1948 war die Landwirtschaft die ökonomische Säule der jüdischen Existenz in Israel. Inzwischen haben sich erhebliche Änderungen vollzogen. Zur Landwirtschaft, die immer weiter spezialisiert und von den Methoden her verfeinert wurde, kam die Produktion industrieller Güter hinzu. Heute gehört Israel zu den Staaten mit modernster Technologie, einer starken Innovationskraft der Wirtschaft, einem anerkannt hohen Qualitätsstandard und mit einem scheinbar unerschöpflichen Fundus an Wissen, an know how.

Die Dreiteilung der Wirtschaft

Vor der Zeit der Staatsgründung und in den ersten Jahren danach reichte das vorhandene Privatkapital nicht aus, um ein funktionierendes Wirtschaftssystem aufzubauen. Aus dieser besonderen Situation resultiert noch heute die durch die Dreiteilung in einen staatlichen, einen privaten sowie einen kollektiven beziehungsweise kooperativen Teil gekennzeichnete ökonomische Struktur Israels. Inzwischen hat die Privatwirtschaft am Sozialprodukt einen Anteil von etwas mehr als 60 Prozent erreicht. Die restlichen knapp 40 Prozent teilen sich ungefähr je zur Hälfte der öffentliche und der kollektive Sektor. Domäne des Privatkapitals ist die Leichtindustrie. Das Engagement des Staates konzentriert sich auf den Dienstleistungssektor. Größte Industrieunternehmensgruppe ist der gewerkschaftseigene Konzern Koor Industries, dem zahlreiche Eisen-, Metall- und Chemiefabriken gehören. Auch in der Bauindustrie ist ein Gewerkschaftsunternehmen, die Solel Boneh, Branchenführer. Gleiches gilt für das Busunternehmen Egged.

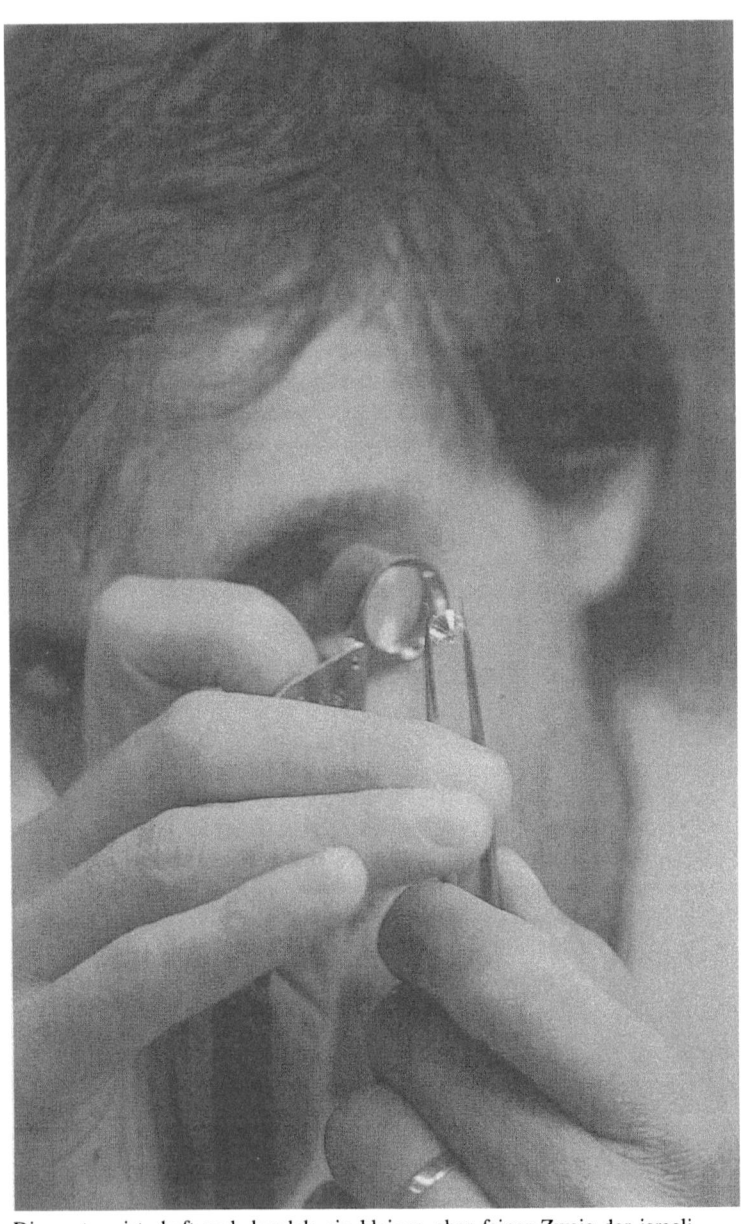

Diamantenwirtschaft und -handel: ein kleiner, aber feiner Zweig der israelischen Volkswirtschaft

Die Histadrut

Zu den politisch und wirtschaftlich gleichermaßen wichtigen Organisationen im Lande gehört der Gewerkschaftsdachverband Histadrut mit seinen mehr als 49 Einzelgewerkschaften. Ihre Macht floß der Histadrut, die in ihren Ursprüngen bis ins Jahr 1889 zurückreicht, bereits lange vor der Staatsgründung zu. Sie mußte für den Jishuw, also für die jüdischen Bewohner Palästinas, Aufgaben wahrnehmen, die normalerweise staatlichen Institutionen obliegen: Bildung und Erziehung einschließlich des Schulwesens, Gesundheitsfürsorge, Alterssicherung, um nur einige Beispiele zu nennen. Heute sind mehr als 85 Prozent aller Arbeiter und Angestellten Israels in der Histadrut organisiert. Der Histadrut gehört auch die Gesellschaft Hewrat Owdin, der formal alle kollektiv oder kooperativ betriebenen Unternehmungen zugeordnet sind. Tatsächlich besteht aber nur eine lose Kontrolle. Lediglich in den Kibbuzim und deren Betrieben gilt faktisch das Prinzip des Kollektiveigentums. Die Moshawim, die als kooperative Unternehmen ebenfalls der Hewrat Owdin angegliedert wurden, sind kooperativ verfaßt. Ähnliches gilt für zahlreiche Verkehrsbetriebe, beispielsweise für das Unternehmen Egged, dessen Busse die verkehrstechnische Basisversorgung in Israel übernommen haben. In diesem Falle ist es so, daß jeder der Busfahrer direkt am Unternehmen beteiligt ist. Mit diesem Beteiligungsmodell, das die Arbeitnehmer zum Miteigentümer macht, ist sowohl die in Israel als „Arbeiterökonomie" bezeichnete Mitverantwortung der Betroffenen gestärkt als auch eine wirkungsvolle betriebliche Vermögensbildung geschaffen worden.

Die Außenhandelsbilanz

Israles Volkswirtschaft ist stärkeren Belastungen ausgesetzt als die Volkswirtschaften der meisten anderen entwickelten Länder. Rohstoffarmut, vor allem die nahezu hundertprozentige Abhängigkeit von fremden Energiequellen, zwingt zu hohen Importen. Zwar hat die israelische Wirtschaft ihre Ausfuhren von Jahr zu Jahr beachtlich steigern können, aber die Einfuhren wuchsen im Vergleich dazu immer schneller. So betrug 1981 der Importüberschuß 4,43 Milliarden Dollar. Während Güter im Werte von 11,15 Milliarden Dollar ausgeführt wurden, mußten Waren im Wert von 15,58 Milliarden Dollar ins Land geholt werden. Dabei muß berücksichtigt werden, daß nicht alle exportintensiven Wirtschaftszweige mit einem hohen Umsatz auch hohe Gewinne bringen. Das gilt vor allem für den Umschlag und die Verarbeitung von Diamanten.

Verteidigungslasten

Israel steht seit dem Tag der Staatsgründung unter permanenter Bedrohung von außen. Erst mit dem Abkommen von Camp David wurde wenigstens das Verhältnis zu Ägypten erträglich. Insgesamt aber sieht sich das Land gezwungen, der Bedrohung durch eine gut ausgebildete, modern ausgerüstete und schnell mobilisierbare Armee zu begegnen. Die Verteidigungslasten schlagen in jedem israelischen Staatshaushalt mit mindestens einem Drittel zu Buche.

Inflation

Das Handelsbilanzdefizit und die Staatsverschuldung haben zu extrem hohen Inflationsraten geführt, die z.Z. einige hundert Prozent im Jahr betragen. Allerdings darf dabei nicht übersehen werden, daß diese Inflationsraten sich weder für die Israelis noch für die Touristen voll auswirken. Löhne und Gehälter werden regelmäßig durch ein Indexsystem den Preissteigerungen angepaßt, wenn auch nur zu 70 Prozent. Die verbleibenden 30 Prozent müssen jeweils in Tarifverhandlungen ausgeglichen werden.

Der Tourist wird zwar feststellen, daß auch an ihm die Preissteigerungen in Israel nicht spurlos vorübergehen, zugleich aber wird für ihn die Inflation durch den ständigen Wertverfall der israelischen Währung gemildert, die den israelischen Schekel gegenüber Dollar oder DM verbilligt.

Währung: Schekel (Schkalim) Umtausch erst in Israel vornehmen. Travellerschecks, Euroschecks werden angenommen.

Landwirtschaft in Israel

Zu den wichtigsten Produktionszweigen in Israel gehört die Landwirtschaft. Sie dient sowohl der Versorgung der Israelis mit Lebensmitteln als auch dem Export. Nahezu 50 Prozent der landwirtschaftlichen Produkte werden in Moshawim und etwa 40 Prozent in Kibbuzim erzeugt. (Siehe ,,Der Kibbuz als Lebensform" und ,,Der Moshaw"). Nur etwa zehn Prozent also stammen aus privatwirtschaftlich organisierten Betrieben.

Export

Der Bedarf an Nahrungsmitteln in Israel kann zu 90 Prozent aus der Eigenproduktion des Landes gedeckt werden. Dank eines Produktionsüberschusses werden noch 30 Prozent der landwirtschaftlichen Erzeugnisse exportiert. Exportschlager sind dabei nach wie vor die Zitrusfrüchte. Besonders gefragt sind auf dem europäischen Markt neben gewöhnlichen Orangen noch Pampelmusen sowie die sogenannten ,,Easy Peel", also leicht zu schälende Sorten, und die verschiedenen Kreuzungen wie Nektarinen, Tangerinen, Jaffarinen, neuerdings auch Pomelos, eine Kreuzung aus Pampelmusen und Orangen. Verstärkt wurden in den zurückliegenden Jahren auch Blumen ausgeführt. Bereits in den Winter- und Frühjahrsmonaten bekommt man in Deutschland Gladiolen, Rosen, Iris, Anemonen, Gerbera und Nelken aus Israel.

Die Vielfalt der Erzeugnisse

Soweit die wirtschaftlichen und klimatischen Verhältnisse es zulassen, wird die israelische Landwirtschaft immer weiter diversifiziert, also im Hinblick auf Verschiedenartigkeit der Produkte erweitert. Neben den bereits frühzeitig angebauten Zitrusfrüchten und Gemüsen wie Kartoffeln und Auberginen werden inzwischen auch Avokados, Nüsse, Oliven und Baumwolle in großem Umfang gezogen.

Für den Industriestaat Israel hat der Anbau von Baumwolle große Bedeutung erlangt. Israelische Baumwolle aus kalifornischen Typen ist von hoher Qualität. Sie ist gleichermaßen das wichtigste Rohmaterial für die eigene Textilindustrie wie ein gewinnbringender Exportartikel. Mit einem durchschnittlichen Ertrag von 145 kg pro Ar hält Israel beim Anbau von Baumwolle international den Produktivitätsrekord.

Fleisch- und Milchprodukte

Das Angebot an Fleisch ist in Israel sehr begrenzt. Dies liegt zum einen daran, daß Schweinefleisch aus religiösen Gründen nicht angeboten wird, da sowohl Juden als auch Mohammedanern dessen Genuß untersagt ist. Zum anderen besitzt Israel nicht genügend Weideland, das eine nennenswerte Rindfleischproduktion zuließe. Rinder werden deshalb praktisch nur zur Milcherzeugung gehalten. Die Kühe der verschiedensten Züchtungen haben sich als sehr ergiebig erwiesen. Milch, Joghurt, Butter und Käse sind von ausgezeichneter Güte und stellen einen wesentlichen Bestandteil auf dem Speiseplan jeder israelischen Familie und des hervorragenden Hotelfrühstücks dar. An Fleisch wird in erster Linie Geflügel angeboten. Auf vielen Kibbuzim und Moshawim ist die bei uns umstrittene Massentierhaltung von Geflügel eine Selbstverständlichkeit. Neben Hühnern hat in den vergangenen Jahren vor allem das Angebot an Truthahn zugenommen. Gewissermaßen als Nebenprodukt der Hühnerhaltung haben sich Eier in allen möglichen Zubereitungen einen festen Platz in der israelischen Küche erobert. Im Prokopfverbrauch an Eiern liegen die Israelis international am höchsten.

Grenzen der Landnutzung

Nur etwa ein Fünftel der Gesamtfläche Israels wird heute landwirtschaftlich genutzt. 430 000 Hektar Land werden bebaut. Das ist beachtlich, wenn man bedenkt, daß 1948 lediglich 165 000 Hektar landwirtschaftlich genutzt werden konnten. Der weiteren Erschließung von Nutzungsflächen sind indes aus klimatischen Gründen enge Grenzen gesetzt. Von den 430 000 Hektar gehören 20 Prozent arabischen Bauern, 300 000 ha gehören dem Staat oder dem Jüdischen Nationalfonds (siehe ,,Der Kibbuz als Lebensform" und ,,Der Moshaw"), 50 000 ha sind privat genutzt.

Bewässerung

Eine beachtliche Erhöhung der Ernteerträge in der israelischen Landwirtschaft war möglich, weil man große Sorgfalt auf die Entwicklung von Bewässerungssystemen verwendete. Etwa 190000 ha der landwirtschaftlichen Nutzungsfläche werden künstlich bewässert. Der Rest bleibt auf den Regen angewiesen, der selbst in den Bergregionen nur 500-800 mm pro Jahr erreicht. An der Mittelmeerküste sinkt der Wert auf 400-500 mm. Und in Elat, der Wüstenstadt am Roten Meer, fallen gar nur noch 16 mm Niederschlag pro Jahr.

Insbesondere das Wüstenforschungsinstitut in Be'ér Sheva hat Methoden zur Bewässerung entwickelt, die eine äußerst sparsame Verwendung von Wasser möglich machen. Eine der neuen israelischen Methoden ist die Tropfenbewässerung. Dabei wird das Wasser über ein Schlauchsystem tropfenweise direkt an die Wurzel der Setzlinge gebracht. Auch wasserlösliche Düngemittel können so den Planzen zugeführt werden. Der Verlust an Wasser, den herkömmliche Sprinkler- und Sprühsysteme mit sich bringen, entfällt hierbei. Auch die begrente Nutzung von Brackwasser ist erfolgreich praktiziert worden.

Größte Anstrengungen werden in Israel unternommen, um der Wasserarmut des Landes durch die Entwicklung von Meerwasserentsalzungsanlagen zu begegnen. Die Entsalzung von Meerwasser ist in Israel zum erstenmal überhaupt gelungen. Zu den Vorreitern auf diesem Gebiet gehören die Technische Hochschule Haifa und die Koor Industries (siehe ,,Die israelische Volkswirtschaft"). Alle bis jetzt erprobten Systeme haben sich jedoch als noch zu kostspielig herausgestellt, um die Meerwasserentsalzung industriell und landwirtschaftlich nutzen zu können.

Nur in der Regenzeit führen die Canyons Wasser

Der Kibbuz

Die längste Zeit ihrer Geschichte war es den Juden in der Diaspora (siehe „Einwanderung und Integration") verwehrt, Landwirtschaft zu betreiben. Um so stärker zeigte sich nach der Staatsgründung Israels, aber auch schon im Palästina des ottomanischen Reiches sowie während der britischen Mandatszeit das Bedürfnis, sich von den Folgen dieser geschichtlichen Unterdrückung zu emanzipieren.

Die Betonung der Landwirtschaft in den Kibbuzim stellt eine Form der Emanzipation von der Fremdherrschaft und der Unterdrückung durch andere Völker dar. Dabei ist es den Siedlern nicht wichtig, ob ihnen das von ihnen bestellte Land persönlich gehört. Wichtig ist ihnen einzig und allein, daß es jüdisches Land ist und daß Juden in ihrer eigenen Heimat nach zwei Jahrtausenden endlich wieder Landwirtschaft betreiben dürfen.

Die Gemeinschaft

Obwohl die strenge Trennung von Arbeit und Geld inzwischen in den Kibbuzim etwas gelockert wurde — die meisten Kibbuzniks erhalten heute eine Art Taschengeld zur freien Verfügung — ist der Grundgedanke gleichgeblieben: Arbeit und Leben in der Gemeinschaft. Geändert hat sich hingegen die Produktpalette, die von den Kibbuzim angeboten wird. Zwar ist auch heute noch die Landwirtschaft die Stütze der Kibbuzbewegung, aber es gibt mittlerweile kaum einen Kibbuz, der nicht seine eigene Fabrik hätte. Hergestellt wird nahezu alles: elektronische Geräte, Möbel, Hauswaren, Keramik, Lebensmittelkonserven, Kunststoffprodukte, landwirtschaftliche Maschinen und Bewässerungsgeräte. Und obwohl wenig mehr als drei Prozent der israelischen Bevölkerung in Kibbuzim leben, werden dort 40 Prozent der landwirtschaftlichen Produkte erzeugt und 7 Prozent der industriellen Exporte Israels erzielt.

Heute existieren etwa 250 Kibbuzim. Die Mitgliederzahl in den einzelnen Siedlungen liegt zwischen 80 und 1000, in einem Fall sogar bei 2000. Ein „normaler" Kibbuz hat zwischen 250 und 400 Mitgliedern.

Der Kibbuz sorgt für seine Mitglieder vom ersten bis zum letzten Tag. Das Leben in der Gemeinschaft bestimmt den Alltag. War es jedoch früher so, daß schon Kleinkinder nicht mehr bei ihren Eltern lebten und schliefen, sondern in einem Kinderhaus, so ist dieses strenge Prinzip in vielen, wenn auch nicht allen Kibbuzim inzwischen gelockert worden. Zumindest die Freizeit verbringen die Kinder mit ihren Eltern. In jedem Kibbuz gibt es eine Schule, und vom 12. Lebensjahr an kommen die Kinder in ein dem Kibbuz gehörendes Internat. Die letzten Jahre der Oberschule sowie die Hochschulausbildung finden an öffentlichen Schulen statt. Schule und Berufsausbildung, komplizierte Studiengänge eingeschlossen, werden von der Gemeinschaft des Kibbuz bezahlt. Zu den selbstverständlichen Freiheiten eines Mitglieds gehört es, den Kibbuz auch verlassen zu dürfen. Daß dies nur von einem kleinen Teil der jungen Mitglieder genutzt wird, ist sicher der prägenden Erziehung zum Kollektiv zu verdanken.

Demokratische Entscheidungen

Die Sozialstruktur dieser Siedlungen bringt es mit sich, daß sich die darin lebenden Menschen mit ihrer Daseinsform und ihrer Arbeit weitgehend identifizieren. So wird von der Möglichkeit, mit Vollendung des 55. Lebensjahres in den Ruhestand zu treten, kaum Gebrauch gemacht. Nach wie vor wird in den Kibbuzim jede helfende Hand benötigt, und kein Kibbuznik entzieht sich dem, solange er kann. Jeder Kibbuz ist ein demokratischer Mikrokosmos. Wichtigstes Organ ist die Generalversammlung, in der alle Mitglieder Stimmrecht haben, ein Verfahren, das demokratische Entscheidungen garantiert. Die Generalversammlungen, die regelmäßig stattfinden müssen, entscheiden auch über die Aufnahme neuer Mitglieder. Im allgemeinen wird zur Sicherheit für beide Seiten eine Probezeit von einem Jahr vereinbart. Die starke Betonung der Gemeinschaft wird schon im Tagesablauf deutlich. Obwohl jede Familie in der ihr nach ihren Bedürfnissen zugewiesenen Wohnung auch eine Kochnische hat, werden die Mahlzeiten gemeinsam im Speisesaal eingenommen. Religiöse Feiern, Hochzeiten und andere Feste werden gemeinsam veranstaltet.

Die sozialistische Idee

Die meisten Kibbuzim sind parteipolitisch gebunden. Die übergroße Mehrzahl empfindet sich als sozialistisch und steht folglich der Arbei-

Längst betreiben die Kibbutzim nicht mehr nur Landwirtschaft

terpartei nahe (siehe ,,Der Staat Israel"). Es gibt aber auch einige kommunistische und eine größere Zahl religiöser Kibbuzim. Bei allen Bemühungen stößt das sozialistische Ideal aber auch in der Kibbuzbewegung an seine Grenzen. Das erweist sich deutlich an der ursprünglich nicht beabsichtigten Ungleichbehandlung von Mann und Frau. Die Männer werden nahezu ausschließlich in den produktiven Zweigen (Landwirtschaft, eigene Fertigungswerkstätten) sowie für hochspezialisierte Dienstleistungen (Ärzte, staatliche Verwaltungsbeamte) eingesetzt. Dagegen obliegen den Frauen traditionelle Dienstleistungen wie Schulwesen, Kindererziehung, Gemeinschaftsverpflegung, Wäscherei etc. Dieses System der Arbeitsteilung widerspricht dem egalitären Grundgedanken der Kibbuzbewegung. In der Praxis wird die sozialistische Idee noch in einem anderen Punkt in Frage gestellt. Etwa 5 Prozent aller Kibbuzmitglieder sind ständig mit öffentlichen Aufgaben, also außerhalb ihres eigenen Kibbuz', beschäftigt. Zeitweilig stellten in Israel Kibbuzniks ein Drittel aller Regierungsmitglieder. Auch im höheren Beamtenapparat ist der Anteil der Kibbuzmitglieder überproportional. Das führt dazu, daß die Arbeitskraft dieser Männer und Frauen dem heimatlichen Kibbuz zeitweilig oder auf Dauer fast völlig verloren geht.

Der Moshaw

Eine Variante des Kibbuz ist der Moshaw. Dabei handelt es sich um eine landwirtschaftliche Siedlung von etwa 60 Familien. Jede dieser Familien hat ihren eigenen Haushalt und Felder, die für sie reserviert sind. Die Erträge werden selbständig erwirtschaftet. Aber der Ankauf von Saatgut, die Anschaffung und Verwendung landwirtschaftlicher Maschinen sowie der Absatz der Produkte erfolgen, ähnlich wie im Kibbuz, durch die gemeinsame Genossenschaft.

Die Familie im Moshaw

Hauptunterscheidungsmerkmal zum Kibbuz ist die stärkere Betonung der individuellen Lebensgestaltung im Moshaw. Der Moshaw ist kooperativ, aber nicht kollektiv organisiert. Wie bei den Kibbuzim gehört der Boden dem Staat oder dem Jüdischen Nationalfonds. Pächter des genutzten Bodens ist jedoch nicht der Moshaw als ganzes, sondern die einzelne Familie, die das Land formal für 49 Jahre zugeteilt bekommt. Der Pachtvertrag wird bei Ablauf automatisch erneuert. Das berechtigt Eltern, dieses Land an ihre Kinder weiter zu vererben. Dasselbe Stück Land bleibt also in derselben Familie.

Der Moshaw als Kompromiß

Zur Zeit der Staatsgründung gab es in Israel nur 58 Moshawim (= Mehrzahl von Moshaw). Zu Beginn der 80er Jahre war ihre Zahl etwa auf 400 gestiegen. Die enorme Expansion der Moshawbewegung erklärt sich aus der großen Zuwanderung von Juden nach Israel in den Jahren nach der Staatsgründung. Nicht alle Flüchtlinge aus den arabischen Ländern und nicht alle, die den nationalsozialistischen Holocaust überlebt hatten, konnten sich mit dem kollektivistischen System eines Kibbuz' anfreunden. Für sie stellte der Moshaw einen gelungenen Kompromiß dar.

Wirtschaftlicher Erfolg

Obwohl die Moshawbewegung jünger ist als die Kibbuzbewegung, hat sie diese heute, was die Zahl ihrer Anhänger und den wirtschaftlichen Erfolg angeht, übertroffen. Im Jahre 1921 verließen einige Siedler den ersten Kibbuz Deganya und gründeten im Jesreeltal den ersten Moshaw Nahalal. Sie hatten sich gewiß nicht träumen lassen, daß der Moshaw 60 Jahre später der meist verbreitete Siedlungstyp in der Landwirtschaft sein würde. In den Moshawim wird fast die Hälfte aller Agrarprodukte Israels erzeugt, und ihr Anteil am Export landwirtschaftlicher Produkte beträgt 50 Prozent. Ungefähr vier Prozent der Bevölkerung leben in Moshawim.

Tel Aviv — Yafo (Jaffa)

Im Ballungsraum von Tel Aviv leben mehr als eine Million Menschen. Das ist etwa ein Viertel der Bevölkerung des Staates Israel. Bis in den Anfang dieses Jahrhunderts gab es hier nur die Jahrtausende alte Hafenstadt Jaffa, heute ein romantischer Stadtteil von Tel Aviv.

Szenen des Alten wie des Neuen Testaments sind mit Jaffo (die hebräische Bezeichnung) oder Jaffa (die arabische und europäische Bezeichnung) — die alten Griechen nannten es Joppe — verbunden. Hier bestieg Jonas das Schiff, bevor sein Abenteuer mit dem Walfisch begann. Die Apostelgeschichte berichtet vom Aufenthalt des Hl. Petrus.

Wer heute Yafo besucht, findet einen Teil der Altstadt liebevoll restauriert. Zahllose Geschäfte bieten den Kauflustigen Kunst und Kitsch. Am Abend füllen sich die Restaurants und Folklore-Lokale.

Der Großraum von Tel Aviv ist von mehr als einer Million Menschen bewohnt

Genießen Sie die Vielfalt der israelischen Speisekarte. Einwanderer aus den verschiedensten Gegenden der Welt haben ihre Spezialrezepte mitgebracht.

Zu Beginn des Jahrhunderts war die Hafenstadt Jaffa für viele jüdische Einwanderer die erste Station im Lande. 1909 begann die Besiedlung der nördlich gelegenen Sanddünen. Daraus entwickelte sich eine neue Stadt: Tel Aviv — ,,Hügel des Frühlings"; heute die Metropole des Landes. Während Yafo aufgrund seiner Geschichte eher orientalisch geprägt ist, hat Tel Aviv westlich orientierten Charakter. Das Häusermeer ist von breiten Alleen durchzogen. Die Zahl der Hochhäuser nimmt ständig zu. Drei Straßenzüge, die jeweils in Nord-Süd-Richtung verlaufen, sollte man sich merken: Die Hayarkon-Str., in Fußgängernähe zum Strand; es ist die Straße der Hotels (drei und mehr Sterne); die Ben Yehuda-Str. und die Verlängerung die Allenby-Str. sind Geschäftsstraßen mit Banken und Agenturen; die Dizengoff-Str. ist die Haupteinkaufsstraße mit zahllosen Geschäften, Einkaufszentren, Restaurants und Straßencafés. Von der Aussichtsterrasse des Migdal Shalom (Schalom-Turm) hat man einen einzigartigen Rundblick auf Tel Aviv.

Empfehlenswert: Ein Bummel durch den Trödel- und Flohmarkt von Jaffa; von Tel Aviv kommend hinter dem Uhrenturm links.

Ein besonderes Vergnügen ist der Besuch des berühmten Karmel-Marktes. Er zählt zu den größten Märkten in Israel. Man erreicht ihn mit dem Autobus über die Allenby-Str. Lautstark werden Lebensmittel aller Art angeboten. Die meisten Händler haben sich auf ein besonderes Angebot spezialisiert. Da gibt es den Händler, der jede gewünschte Sorte von Oliven hat. Oder den Gewürzladen wie aus 1001 Nacht. Der Reiz des Bummels liegt im Sehen, Hören und Riechen, also im Sinnenhaften all dessen, was einen Markt an den Schnittlinien von Orient und Okzident so ungemein attraktiv macht. Israels Metropole verbindet das großstädtische Ambiente mit den Annehmlichkeiten des südlichen Klimas und der unmittelbaren Nähe eines kilometerlangen Sandstrandes. Die Bürger von Tel Aviv wissen dies zu schätzen: Viele nehmen morgens schon in aller Frühe ihr Bad im Mittelmeer. Die Stadt hat es sich einiges Geld kosten lassen, das Wasser sauber zu halten. Das kulturelle Angebot von Tel Aviv reicht von zahlreichen Galerien über eine Reihe von Museen bis zu den Konzerten des berühmten Israel Philharmonic Orchestra im Mann-Auditorium.

,,The Underground Tel Aviv Guide" von Judy Goldman und Janet Kaplan mit Hinweisen auf ungewöhnliche Restaurants, Geschäfte, Plätze und Leute.

Museen

Helena-Rubinstein-Museum für Moderne Kunst; Museum Ha'aretz u.a. mit Keramik- und Glassammlungen, Tel Aviv-Museum mit Gemälden aus allen Kunstperioden sowie zeitgenössischen israelischen Bildern; Bet Hatfuzot Museum der Jüdischen Diaspora — modernste Mittel audiovisueller Kommunikation dokumentieren zwei Jahrtausende jüdischen Überlebens in der Diaspora; Hagana-Museum — Ausstellung über die jüdischen Selbstverteidigungsorganisationen während der Zeit des britischen Mandats und während der Kriege mit den arabischen Nachbarn nach der Staatsgründung. Einen Eindruck aus den Anfangszeiten des Staates Israel vermittelt das für Besucher zugängliche Haus des ersten israelischen Ministerpräsidenten Ben Gurion am Ben-Gurion-Boulevard.

Haifa und der Karmel (Har Karmel)

Die größte Hafenstadt Israels (260 000 Einwohner) besticht den Besucher durch ihre malerische Lage an den Nordwesthängen des Karmel-Gebirges. Der Hafen wurde in seiner heutigen Anlage während der 30er Jahre von den Engländern gebaut und dann ständig erweitert. Hinzu kam Industrie: Werften, Chemieunternehmen, Textilbetriebe, Maschinen- und Fahrzeugbau. Beherrschendes Gebäude zwischen den Kaianlagen ist der Dagon-Getreidesilo.

Besuchen Sie die Ausstellung im Dagon-Getreidesilo ,,Museum des Brotes". Es zeigt Getreidelagerung und -verarbeitung aus der Zeit von 7000 vor Christus bis heute.

Über Jahrhunderte war Haifa eine zerstörte Ortschaft. Die Kreuzfahrer hatten sie nach ihrer Eroberung verkommen lassen; ihre Nachfolger die Mamelucken unter Sultan Bayba I., machten den Platz im 13. Jahrhundert vollends unbewohnbar. Erst im 18. und 19. Jahrhundert lebte der Ort, auch dank der dort 1868 angesiedelten württembergischen Templer (bis heute: ,,deutsche Kolonie") wieder auf. Anfang des 20. Jahrhunderts entstand das moderne Haifa, heute drittgrößte Stadt des Landes, die sogar eine U-Bahn-Strecke hat, die einzige in Israel, mit der die Unterstadt und der Zentralkarmel verbunden sind.

Haifa ist eine beliebte Studentenstadt. Etwa 10 000 junge Leute studieren an der Technischen Hochschule, dem Technion. Rund 6000 Studenten — darunter rund 1200 Araber — zählt die Universität. Während das Technion schon Anfang dieses Jahrhunderts, 1912 gegründet wurde, ist die auf dem Gipfel des Karmels erbaute Universität wesentlich jünger. Fast zehn Jahre unterstand sie der Hebräischen Universität in Jerusalem, bis sie 1972 ihre Selbstverwaltung erhielt.

Zwei Gruppen haben im Laufe der Geschichte — anders als die Eroberer und Zerstörer — zur Besiedlung des Karmel wesentlich beigetragen: die Karmeliter im Gefolge der Kreuzfahrer und die Templer aus Württemberg. Die Mönche des Karmeliter-Ordens siedelten sich im 13. Jahrhundert an; sie wurden mehrmals vertrieben, kehrten aber unter französischem Schutz (daher bis heute: ,,französischer Karmel") immer wieder zurück. Kloster und Kirche Stella Maris auf dem Karmel-Kap in Haifa pflegen die Tradition dieser christlichen Ansiedlung. Die Kirche erinnert an den Propheten Elias, von dem das Alte Testament (1. und 2. Buch der Könige) berichtet, daß er einige Jahre in einer Höhle des Karmel lebte und die Priester des Baal-Kults vernichtete.

Die pietistischen Templer kamen zunächst nach Haifa. Sie siedelten sich am Berghang außerhalb der damaligen Stadt an. Das Gemeinwesen, das sie schufen, tat sich durch Ordnung und Sauberkeit, durch Grünanlagen und Aufforstungen hervor. Die weitere Entwicklung der Stadt wurde zumindest teilweise von ihnen vorgeprägt. Viele jüdische Einwanderer aus Deutschland ließen sind in den vergangenen Jahrzehnten in Haifa und Umgebung nieder.

…übrigens: Juden aus Deutschland werden in Israel auch „Jekkes" genannt.

Wer seinen Blick von der Panoramastraße des Karmel über die Stadt schweifen läßt (am besten vom ehemaligen und 1982 restaurierten „Kaiser-Wilhelm-Denkmal"), dem wird immer wieder ein Tempel mit Goldkuppel auffallen: der Schrein der Baha'i. Der Bau, 1953 fertiggestellt, beherbergt die Gebeine des Religionsstifters der in Persien gegründeten Bewegung. Die weltweit auf eine Million geschätzten Anhänger verstehen sich als eine alle anderen Religionen umfassende Gemeinschaft.

Die landschaftlich reizvolle Umgebung Haifas lädt zu Ausflügen ein. Die Bürger sprechen gerne von ihrer „kleinen Schweiz". Nur wenige Kilometer entfernt liegt auf der Südseite des Karmel das Künstlerdörfchen 'En Hod. Die vielen Bäume, Sträucher und Blumen geben dem Ort einen lauschigen Charakter.

Fährt man von Haifa weiter landeinwärts ins Gebirge, so gelangt man zu den Drusendörfern Daliyath el-Karmil und 'Isfiya. Außer in Israel leben Drusen noch im Libanon und in Syrien. Aufgrund eigener religiöser Vorstellungen, die sie geheim halten, haben sich die Drusen im 11. Jahrhundert vom Islam abgespalten und sich im Laufe der Jahrhunderte zu einer selbständigen Volksgruppe entwickelt.

Galiläa und der See Genezareth (Yam Kinnereth)

Der Galil — wie die Israelis sagen — ist der Norden Israels. Zwischen dem Karmelmassiv und den Bergen des Südlibanon liegt die Küstenebene mit den Städten Akko und Nahariyya (siehe: Badefreuden am Mittelmeer). Wenige Kilometer landeinwärts beginnt Bergland, das bis über 1000 m aufsteigt (Berg Meron 1208 m). In diesen Bergen herrscht im Sommer ein kühles angenehmes Klima; bekannteste Städte dieser Bergregion sind Nazrat (Nazareth) und Zfat (Safed). Östlich von Nazrat liegt der Berg Tavor (Har Tavor) (588 m), in christlicher Überlieferung der Berg der Verklärung.

Nach Osten fällt das Bergland Galiläas ab zum 210 m unter Meeresniveau gelegenen See Genezareth. An seinem Westufer die Stadt Tverya (Tiberias). Nördlich des Sees das Huletal, begrenzt im Westen durch die Libanonberge und im Osten durch die Golanhöhen. Der Jordan (Ha Yarden) durchfließt das Tal und speist mit seinem Wasser den See Genezareth. Von dort aus windet er sich entlang des östlich gelegenen Gebirges, ehe er in das 398 m unter dem Meeresspiegel liegende Tote Meer einmündet.

'Akko

Die Stadt findet schon im 2. Jahrtausend vor Christus in ägyptischen Texten Erwähnung. Einige Namen und Daten aus der Geschichte: 332 v. Chr. wird sie von Alexander dem Großen erobert. Danach steht sie unter der Herrschaft von Römern, Byzantinern, Kreuzfahrern. 1187 nimmt Saladin die Stadt ein; 1191 Rückeroberung durch die Kreuzfahrer; 1291 Zerstörung dieser letzten christlichen Festung im Heiligen Land durch die Mamelucken; Mitte des 18. Jhr. wurde sie vom Beduinen-Scheich Daher al-Omar wieder aufgebaut; 1799 versucht Napoleon vergebens die Eroberung Akkos —, das sich wiederum zur stärksten Festung Palästinas entwickelt; es folgen weiterhin Türkenzeit und schließlich britische Mandatszeit.

Heute wird die Stadt von Juden, muslimischen und christlichen Arabern bewohnt (38 000 Einwohner). Bauten aus türkischer Zeit bestim-

Ruinen in 'Akko aus der Kreuzfahrerzeit

men die besonders reizvolle Atmosphäre der Altstadt. Sehenswert sind
der Basar, die zahlreichen Karawansereien und der Fischerhafen. Ein
eindrucksvolles Bauwerk ist die Achmad-Djassar-Moschee. Teilweise
ausgegraben wurde die monumentale Kreuzfahrerfestung der Johanniter mit verschiedenen Sälen und einem Geheimgang, durch den man un-
terirdisch von der Moschee zum Hafen gelangt. Europäisches Mittelalter im Heiligen Land. Über der zugeschütteten Kreuzfahrerburg erbau-
ten die Türken eine Zitadelle. Während der britischen Mandatszeit
diente der Bau als Gefängnis, in das jüdische Freiheitskämpfer einge-
sperrt wurden. Viele von ihnen fanden hier den Tod durch Hinrichtung.
Besonders sehenswert ist auch der ,,persische (Baha'i) Garten" nördlich von Akko.

Nazrat (Nazareth)

Die Stadt, in der Christus aufwuchs, liegt im Süden der galiläischen
Berge. Christliche und muslimische Araber bewohnen die älteren und
unteren Teile der Stadt, jüdische Israelis haben sich seit den 50er Jahren
auf den Höhen (Nazrat Ilit) angesiedelt (40 000 Einwohner). 1969
wurde die von einem italienischen Architekten gebaute moderne Verkündigungskirche (kath.) eingeweiht. An der Ausstattung des Bau-

werks beteiligten sich Künstler aus der ganzen Welt. Pilger, die Nazrat besuchen, können in einem der Hospize Kost und Logis nehmen. Voraussetzung ist jedoch eine frühzeitige Anmeldung.

Zfat (Safed)

Den Namen der Stadt findet man auf verschiedene Weisen geschrieben: Sefat, Sfat, Safet, Safed, Safad. Unterschiede in der Schreibweise wie sie hier auffallen, gibt es auch bei anderen Namen. Das ist sowohl auf die auf Konsonanten beschränkte Orthographie im Hebräischen und Arabischen zurückzuführen, die verschiedene Möglichkeiten der Lautübertragung anbietet, wie auf Unterschiede in der Namensüberlieferung im Laufe der Geschichte. Die Kleinstadt mit dem angenehmen Sommerklima ist heute fast ausschließlich von Juden bewohnt (14 000 Einwohner). Sie wurde in ihrem alten Teil von jüdischen Mystikern geprägt, die im 16. und 17. Jahrhundert hier lebten. Viele Rabbiner zogen damals in die Bergstadt, um zu forschen, zu lehren, Texte und Lieder zu verfassen. Einer von ihnen war Josef Caro, dessen Synagoge besonders sehenswert ist.

Neben den Talmud- und Thoraschulen, die die Tradition der jüdischen Mystik (Kabbala) fortsetzen, geben israelische Künstler der Stadt ihre besondere Atmosphäre.

Künstlerviertel Qiryat Hazayarim mit zahlreichen Verkaufsausstellungen.

Tverya (Tiberias)

Die Stadt am Westufer des Sees Genezareth (30 000 Einwohner) wurde um 18 nach Christus von Herodes Antipas, einem der Söhne Herodes des Großen (37-4 v.Chr.), gegründet. Er gab ihr den Namen zu Ehren des römischen Kaiser Tiberius. Tverya ist nicht nur Anziehungspunkt für Wassersportler, die das Salzwasser des Toten Meeres, des Roten und des Mittelmeeres einmal mit Süßwasser tauschen möchten, es ist auch viel besuchtes Bad für Kurgäste aus aller Welt. Die mineralhaltigen heißen Quellen finden Anwendung vor allem bei Rheuma, Asthma und Rehabilitation nach Unfällen. Ein modernes Kurzentrum bietet alle therapeutischen Möglichkeiten. Nicht allzu weit davon entfernt zeugen Ruinen davon, daß schon die Römer die Heilquellen in Tverya schätzten. Inmitten seiner reizvollen Umgebung ist Tverya eine der schönsten Ortschaften Israels.

65

Thora-Schrein in der Synagoge des Rabbi Josef Caro in Zfat

Capernaum und Tabgha

Am Nordufer des Sees liegen zwei bedeutsame Pilgerstätten: Capernaum, die Fischerstadt, in der Christus nach den Berichten des Neuen Testaments wirkte und wo die Apostel Petrus, Andreas, Jakobus und Johannes zu Hause waren — nur ein Teil der Stadt wurde bisher ausgegraben (s. Zeugnisse der Geschichte) —, und Tabgha, wo man den Ort der wunderbaren Brotvermehrung vermutet. Im Neubau der Kirche von Tabgha ist der restaurierte Mosaikfußboden besonders sehenswert. Er stammt aus einer byzantinischen Kirche des 5. Jahrhunderts, die an diesem Platz stand.

Das Hule-Tal

Das Gebiet war sumpfig, bevor es von israelischen Siedlern trocken gelegt und für die Landwirtschaft nutzbar gemacht wurde. Es sind vor allem Kibbuz-Gemeinschaften, die sich hier in mühevoller Arbeit Existenz und Heimat geschaffen haben. In ihren Plantagen bauen sie vorwiegend Zitrusfrüchte und Avocados an, auf den Feldern Baumwolle. Teiche, die bei der Erschließung entstanden, dienen der Fischzucht.

Versuchen Sie mal Karpfen als „Gefillte Fisch", eine der traditionellen Shabbatspeisen.

Der Yarden (Jordan) und seine Zuflüsse wurden kanalisiert. Neben der Landwirtschaft haben die Kibbuzniks auch Industriebetriebe und Fremdenverkehrseinrichtungen aufgebaut. Die Gästehäuser sind in der Regel sehr gepflegt. Wo ein Freibad dabei ist, bietet sich erholsamer Urlaub an. Manche Gäste helfen während der Ernte auch in den Plantagen mit. Beliebtes Ausflugsziel im Norden des Hule-Tales am Fuß des Hermongebirges ist Banyas. Einer der Hauptzuflüsse des Jordan tritt hier, aus dem Boden sprudelnd, zutage. Der Ort ist in der christlichen Überlieferung als Caesarea Philippi bekannt.

Als städtische Ansiedlung des Tales ist Qiryat Shmona in der Vergangenheit wiederholt zu trauriger Erwähnung in den Medien gekommen. Die Stadt war mehrfach Ziel von PLO-Raketenangriffen aus dem Südlibanon.

Besuchen Sie das Naturschutzgebiet im Nordwesten des Tales nahe Yesud Hama'ala. Mit vielen Zugvögeln (im Herbst) und sumpfbewohnenden Säugetieren. Bootsrundfahrten sind möglich.

Mosaiken in der Kirche von Tabgha

Jerusalem

Es gehört zu den Selbstverständlichkeiten der menschlichen Siedlungsgeschichte, daß Einwohner großer Städte ein besonderes Selbstbewußtsein entwickeln: Römer, Berliner, New Yorker, Kölner. Den Jerusalemer gibt es nicht! Wer die Geschichte dieser einzigartigen Stadt kennt, weiß warum. Jerusalem hat im Laufe der Jahrtausende immer wieder Tod und Zerstörung, Vertreibung und Wiederkehr, Neubeginn und Ausbau erfahren.

Die Jahrhunderte vor der Zeitenwende

Die Jebusiter, ein kanaanitischer Stamm, lebten auf dem Berg Ophel, als etwa im Jahr 1000 vor Christus König David die Stadt eroberte. Er machte Jerusalem zur Hauptstadt seines Königreichs Juda. Sein Sohn Salomon errichtete nördlich auf dem Berg Moriah, außerhalb des jebusitischen Jerusalems, den ersten Tempel. Die Stadt wurde nach Westen ausgedehnt. Der Zionsberg und Teile, die wie das jüdische und armenische Viertel noch heute zur Altstadt gehören, wurden besiedelt. Bis 587 vor Christus blieb das Königtum Juda in Jerusalem erhalten. Dann eroberte Nebukadnezar Jerusalem. Er zerstörte Stadt und Tempel; für die Bewohner, die überlebten, begann die babylonische Gefangenschaft. 539 vor Christus eroberten die Perser Babylon. König Kyros erlaubte den Juden die Heimkehr. Jerusalem wurde nach und nach wieder aufgebaut. Auch ein neuer Tempel wurde errichtet. Der persischen Herrschaft machte Alexander der Große ein Ende. Die Diadochenkämpfe nach dem Tod Alexanders des Großen brachten Jerusalem zunächst unter die Herrschaft der ägyptischen Ptolemäer, später der syrischen Seleukiden. Durch den Makkabäeraufstand (167-164 vor Christus) wurden die Juden in Jerusalem wieder ihre eigenen Herren. In innere Streitigkeiten mischten sich im Jahre 63 vor Christus die Römer ein. Sie setzten nach blutiger Einnahme Jerusalems 37 vor Christus Herodes I. als Herrscher ein, der eine rege Bautätigkeit entwickelte. Aber selbst durch den prächtigen Neubau des Tempels vermochte er sich keine Sympathien bei den Bewohnern zu verschaffen. Er starb im Jahr 4 n. Chr.

Die heutige Altstadt

Orient umfängt den Besucher im Basar: alte Handwerke, Speisen und Getränke arabischen Geschmacks, Waren aus Ländern vorwiegend des Nahen Ostens und selbstverständlich Souvenirs für die Touristen. Wer kaufen will, muß handeln. Das verlangt Fingerspitzengefühl, ein freundliches Gemüt und Zeit, damit der Handel zustande kommt und bei einem fairen Preis für beide Seiten endet.

Die Altstadt teilt sich in vier Wohnbezirke: das muslimische, das christliche, das jüdische und das armenische Viertel. Das jüdische Quartier, das unter der jordanischen Herrschaft weitgehend zerstört wurde, ist in den Jahren nach der Wiedervereinigung der Stadt durch die Israelis neu aufgebaut worden. Nach den alten Vorbildern, aber modernen Wohnansprüchen Rechnung tragend. Es gilt als eine architektonische Meisterleistung.

Im Bazar von Jerusalem treffen sich Juden und Araber

Juden, Moslems und Christen haben in der Altstadt ihre Pilger- und Gebetsstätten. Für die Juden ist die Westmauer des Tempelberges, auch

... und Touristen

Klagemauer genannt, Ort religiöser Übungen. Die mächtigen Quader der Stützmauer für das Plateau des Salomonischen Tempels auf dem Berg Moriah lassen den Gläubigen seinem Gott nahe sein, dessen Heiligtum seit Jahrhunderten zerstört ist.

Wo einst der Tempel stand, steht seit dem 7. Jahrhundert die Omar-Moschee, bekannter unter dem Namen Felsendom. Am Südrand der Plattform des Tempelbergs wurde 715 die El-Aksa-Moschee gebaut. Zu Zeiten des täglichen Gebets und am Freitag, dem Wochenfeiertag der Moslems, ist der Tempelberg für Besucher gesperrt. Weithin schallt dann die Stimme des Muezzin über die Stadt.

Die Grabeskirche

Hauptziel christlicher Pilger in Jerusalem ist die Grabeskirche. Man muß sich intensiv mit der Geschichte des Baus und der Kirchengeschichte befassen, wenn man den vielfältigen und verwirrenden Eindrücken auf den Grund gehen will. Der erste Kirchenbau an dieser Stelle wurde 335 eingeweiht. In der vielräumigen Kirche beten heute griechisch-orthodoxe, armenische, römisch-katholische, syrische, koptische und äthiopische Christen. Protestantische Glaubensgemeinschaften dagegen sind in der Grabeskirche nicht vertreten. Die lutheri-

71

sche Erlöserkirche, am Ende des vorigen Jahrhunderts erbaut und von Kaiser Wilhelm II. eingeweiht, steht ganz in der Nähe. Das Gebiet, in dem sich heute das christliche Viertel rings um die Grabeskirche ausbreitet, lag in biblischer Zeit außerhalb der Stadt. Erst im Laufe der folgenden Jahrhunderte wurde es in die Bebauung einbezogen.

Kleiner Ausflug in die Geschichte Jerusalems nach Christus

Die Juden erhoben sich 66 gegen die Fremdherrschaft der Römer. Diese schlugen den Aufstand 70 nieder, wobei Jerusalem zerstört wurde. 132 führte ein weiterer Aufstand zur Vertreibung aller jüdischen Einwohner Jerusalems. Die Stadt bekam einen anderen Namen, Aelia Capitolina, und wurde nach römischen Vorstellungen neu aufgebaut. Nichts hat sich davon erhalten können. Nach dem Zerfall des Römischen Reiches gelangte Jerusalem unter die Herrschaft des Byzantinischen Reiches; in der Zeit von 330 bis 634. Unter Kaiser Konstantin war Byzanz christianisiert worden. In Jerusalem, das seinen Namen zurückerhielt, entstanden Kirchen und Klöster. Islamische Völker lösten Byzanz in der Herrschaft ab (634 bis 1099). Während zunächst Toleranz gegenüber den Christen und Juden geübt wurde, kam es später zu

Das schönste Tor zur Jerusalemer Altstadt: das Damaskustor

Verfolgungen, wurden Kirchen und Klöster geplündert und zerstört. Das christliche Europa rüstete sich zur Eroberung des Heiligen Landes. Die Kreuzfahrerzeit begann. Von 1099 bis 1244 regierten die Kreuzritter in Jerusalem. Sie wurden abgelöst von den in Kairo residierenden Mamelucken; 1244-1516. Auf die Zeit der Mamelucken folgten 400 Jahre türkischer Herrschaft. Nachdem 1917 britische Truppen in Jerusalem einzogen, begann die Mandatszeit: Großbritannien übernahm als Treuhänder des Völkerbundes die Verwaltung Palästinas. Mit der Staatsgründung 1948 wurde Jerusalem zur geteilten Stadt: Den Israelis gelang es, den Westteil zu besetzen; den Ostteil mit der Altstadt nahmen jordanische Truppen ein. Im Sechstagekrieg von 1967 wurde Jerusalem wieder vereint. 1980 wurde es zur Hauptstadt Israels erklärt (400 000 Einwohner).

Westjerusalem

Während die Altstadt hauptsächlich Vergangenheit atmet, schaffen die Israelis in Westjerusalem Gegenwart und Zukunft ihres Staatswesens. Grundlage ist der allen gemeinsame Glaube, der das Volk der Juden auch in den Jahrtausenden der Zerstreuung (,,Diaspora") zusammenhielt. Das wird durch den ,,Schrein des Buches" auf dem Gelände des Israel-Museums dokumentiert. Hier werden die in der Nähe des Toten Meeres (Qumran) gefundenen Schriften aufbewahrt und teilweise ausgestellt. Das Israel-Museum ist von seinen Bauten und Ausstellungen her großzügig und anspruchsvoll angelegt. Man kann hier Tage verbringen, um seinen Wissensdurst zu stillen. Der archäologischen Abteilung kommt in einem so geschichtsträchtigen Land selbstverständlich besondere Bedeutung zu.

Auch an anderen Stätten wurde Repräsentatives geschaffen. So in der Synagoge des Medizinischen Zentrums der Hebräischen Universität, Hadassa, am südwestlichen Ende der Stadt nahe der Ortschaft En Karem. Das Licht fällt von oben durch zwölf Bild-Fenster, von denen sich jeweils drei im Quadrat gegenüberliegen. Jedes Fenster symbolisiert einen der 12 Stämme Israels. Geschaffen hat diese in ihren Farben faszinierenden Glasbilder der weltberühmte jüdische Künstler russischer Herkunft, Marc Chagall. Sehr sehenswert sind auch die Glasbilder der Schweizer Jüdin Régine Heim, die die neue ,,Große Synagoge" von West-Jerusalem schmücken.

Jüdischer Glaube

Ursprung

Das Judentum ist die älteste der monotheistischen Religionen. Es hat seinen Ursprung etwa 1400 vor Christus. Die Bibel beschreibt zunächst das Volk der Israeliten als Nachkommen der Patriarchen Abraham, Isaak und Jakob, deren Grabstätte, die Höhle von Machpela bei Hebron, heute von Juden und Mohammedanern gleichermaßen verehrt wird. Die Heimat der Patriarchen war aller Wahrscheinlichkeit nach Mesopotamien, das Zweistromland, wo heute der Irak liegt. Von dort aus zogen sie nach Israel, dem Land, das Gott ihnen in dem Bund, den er mit ihnen schloß, versprach. Das Volk der Patriarchen bestand aus nomadisierenden Hirten.

Das Gesetz

Schon ungefähr um 1400 vor Christus entstanden die ersten der insgesamt 24 Bücher der Bibel. Für die Juden sollten die fünf Bücher Mose, der Pentateuch, die wichtigste Glaubensgrundlage werden. Diese fünf Bücher Mose heißen auf hebräisch ,,Thora'', das Gesetz.

Von den Kanaanitern, die vorher im Lande Israel lebten, übernahmen die Juden Anfänge eines ausgeklügelten Rechts. Insbesondere im fünften Buch Mose, dem Deuteronomium, wird der Versuch unternommen, die Juden ausschließlich auf die Verehrung des einzigen Gottes Jahwe festzulegen. Endgültig gelang das erst im fünften vorchristlichen Jahrhundert. Von da an galt die Befolgung des Gesetzes, des Gotteswillens, der in den fünf Büchern Mose offenbart wurde, als unumstößliche Voraussetzung für die Gestaltung des Lebens im jüdischen Glauben.

Der Talmud

Aus der Treue zum einzigen Gott und zu seiner Lehre wird die ,,Emunah'' genannt. Was die ,,Emunah'' ausmacht, ergibt sich in seiner Gesamtheit aus dem Talmud. Der Talmud ist ein umfangreiches Schriftwerk, das eine Anleitung zum Studium der Thora darstellt.

Der Talmud mit seinen ungefähr 6000 Seiten besteht aus zwei Teilen: der „Gemara", der talmudischen Theorie und Praxis im engeren Sinne, und der „Mischna", in der die religiösen Traditionen überliefert sind.

Die Gebote

Wie dynamisch sich das Judentum in bezug auf seine normativen Ansprüche entwickelte, also hinsichtlich dessen, was es von einem gläubigen Menschen verlangt, das geht aus der „Mischna" hervor. Die 613 Gebote, die Moses von Gott anbefohlen wurden, faßte König David in neun Tugenden zusammen: Geradheit, Gerechtigkeit, Wahrheit, Scheu vor der Verleumdung des Nächsten, Verachtung des Bösen, Verehrung des Guten, Heilighaltung der Eide, Verzicht auf Zinsen bei Ausleihungen und Abstand von Bestechlichkeit. Der Prophet Jesaja komprimierte diese neun Tugenden auf sechs: Wandel in Gerechtigkeit, Sprechen in Aufrichtigkeit, Verachtung des Eigennutzes, die Hand vor der Bestechung, das Ohr vor böser Einflüsterung, das Auge vor bösen Gelüsten bewahren. Und der Prophet Micha nannte sogar nur noch drei Grundsätze: Recht üben, Wohltätigkeit lieben, in Demut wandeln. Schließlich faßte Habakuk bereits im 7. und 6. Jahrhundert vor unserer Zeitrechnung das jüdische Gesetz in einer einzigen Erfüllung zusammen: „Der Gerechte lebt in seiner Emunah." Der Gerechte lebt in seiner Treue zum Glauben an den einzigen Gott.

Feiertage

Die religiösen Feiern im Judentum sind abhängig vom jüdischen Jahr, das ein Mondjahr ist und deshalb nicht den gleichen präzisen Rhythmus aufweist wie der gregorianische Kalender. 1987 beginnt nach jüdischem Kalender das Jahr 5748. Jedes Jahr zählt 12 Monate mit 31 oder 30 Tagen. Von 19 Jahren sind 7 Jahre Schaltjahre, in denen der 13. Monat hinzukommt, um den jüdischen Mondzyklus dem Sonnenzyklus anzugleichen.

Der wöchentliche Ruhetag ist der Shabbat. Er dauert vom Sonnenuntergang am Freitag bis zum Sonnenuntergang am Samstag. Vor allem in den orthodoxen Wohnvierteln der Juden, wie zum Beispiel Mea Shearim in Jerusalem, kehrt dann absolute Ruhe ein, öffentliche Verkehrsmittel und Privatautos dürfen dort nicht fahren.

Von den Hochfesten sind einige alte Naturfeste, denen ein heilsgeschichtlicher Charakter verliehen worden ist, die anderen haben ihren Ursprung in spezifischen Begebenheiten der Geschichte des jüdischen Volkes. Das jüdische Neujahrsfest, Rosh Hashana, wird am ersten Tag des Monats Tishräy (September/Oktober) begangen. Nach jüdischem Glauben erschuf Gott 3761 vor unserer Zeitrechnung die Welt. Somit ist Rosh Hashana ein Gedenktag der Schöpfung und wird in Ruhe und Besinnlichkeit begangen. Zehn Tage später wird das für die meisten Juden wichtigste Fest begangen. Yom Kippur, der Versöhnungstag. Selbst nicht fromme Juden suchen an diesem Tage die Synagoge auf, um die Vergebung der Sünden zu erbitten. Verkehrsmittel, Fernsehen, Radio und Telefon-Vermittlung sind außer Betrieb.

Das dritte Fest ist das Wochenfest Shavuot im Monat Siwan (Mai/Juni), mit dem die fünfzigtägige Trauer- und Fastenzeit zu Ende geht. Der Shavuot gilt als Tag der biblischen Gesetzgebung und damit der Offenbarung Gottes. Am fünfzehnten Tag des Monats Tishräy (Oktober) wird Sukkot (Laubhüttenfest) gefeiert. Damit beginnt ein sieben Tage währendes Herbst- und Weinlesefest. In dieser Zeit sollen die Juden im Gedenken an die vierzigjährige Wanderschaft von Ägypten nach Israel in Hütten wohnen. Deshalb bauen sich viele Juden im Garten oder auf dem Balkon für die Feiertage eine stilisierte Hütte aus Zweigen. Am letzten Tag des Laubhüttenfestes wird Simchat Thora, das Fest der Gesetzesfreude begangen. Das Purimfest findet am 14. Adar (Februar/März) statt. Dieses ,,Fest der Lose" gilt der Erinnerung an die Erhängung Hamans, des Hauptministers des persischen Königs Ahasver. Haman wollte alle Juden im persischen Reich töten lassen und hatte zur Festlegung des günstigsten Tages das Los geworfen. Er wurde aber dank der Intervention von Esther gestraft, weshalb bei diesem Fest in den Synagogen die Estherrolle gelesen wird. Das Ganze wird als Befreiung von der persischen Knechtschaft mit karnevalsartigen Umzügen und Verkleidungen gefeiert.

Ein anderes Befreiungsfest ist Pessah, das sich vom 15. bis zum 22. Nissan (April) erstreckt.

Es ist sowohl das Fest der Frühernte als auch der Erinnerung an den Auszug aus Ägypten. Während dieses Festes werden ungesäuertes Brot (Mazzen) und bittere Kräuter (Maror) gegessen, die an die entbehrungsreiche Zeit in der ägyptischen Sklaverei erinnern sollen.

Ein weltlicher Feiertag ist Yom Ha'azmaut, der Unabhängigkeitstag. Mit ihm wird der Unabhängigkeitserklärung des Staates Israel am 14. Mai 1948 gedacht. Eine feierliche Prozession am Grabe des Vaters der zionistischen Idee, Theodor Herzl, bildet den Höhepunkt.

Männliche Besucher jüdischer Kultstätten müssen eine Kopfbedeckung tragen!

Am Shabbat nicht mit dem Auto durch Mea Shearim fahren, wenn Sie nicht den Zorn der strenggläubigen Einwohner erregen wollen.

In den meisten Hotels wird am Shabbat kein geröstetes Brot oder frisch gebrühter Kaffee angeboten, da das Einschalten der elektrischen Geräte gegen die Glaubensregeln verstößt. Fahrstühle sind auf Automatik geschaltet. In fast allen Hotels gilt außerdem in den Speiseräumen striktes Rauchverbot am Shabbat.

Die Mesusa — der Haussegen —; sie wird am Türpfosten eines jüdischen Hauses befestigt

Das Heilige Land

Die Bibel

Unser Wissen über die Frühgeschichte Israels verdanken wir der Bibel; vor allem dem Pentateuch, den fünf Büchern Mose. Die Bibel geht in ihren ältesten Teilen auf das 14. und 13. vorchristliche Jahrhundert zurück. Tiefe Religiosität bestimmte bereits zu dieser Zeit das Leben der Kinder Israels.

Das Gelobte Land

Hungersnöte vertrieben Jakob und seine Söhne aus Israel. Sie gingen nach Ägypten. Die zwölf Söhne Jakobs, die der Bibel nach die Ahnen der zwölf Stämme Israels sind, blieben im Land des Pharao; ebenso viele Generationen ihrer Nachkommen. Doch mehr und mehr wurden die Kinder Israels zu Sklaven der Ägypter. Moses führte die Israeliten aus der Knechtschaft in das ihnen verheißene ,,Gelobte Land''.

Vierzig Jahre wanderte sein Volk mit ihm durch die Wüste Sinai, bevor es das Land Israel erreichte. Dieser Jahrzehnte während Exodus ist bis heute gleichnishaft im jüdischen Schicksalsbewußtsein lebendig. Er erklärt die Verbundenheit der Juden in aller Welt mit dem Land Israel und die Sehnsucht nach ihm, wenn immer es in der Geschichte nicht erreichbar war.

Chaim Nachman Bialik, der jüdische Nationalpoet, stellte in seinen Schriften beispielhaft die Verbindung zwischen dem biblischen Israel und dem neuen jüdischen Staat her: ,,Das Buch der Chroniken, die letzte der Schriften, ist nicht das letzte in der Geschichte Israels. Zu seinen zwei kleinen Teilen wird noch ein dritter hinzugefügt werden, ein vielleicht wichtigerer als die ersten beiden. Und wenn die ersten beiden Bücher mit Adam, Seth und Noah beginnen und mit der Proklamation von Kyros enden, die 300 Jahre später das Evangelium von der Erlösung brachte, dann wird das dritte zweifelsohne mit der Balfour-Deklaration beginnen und mit einem neuen Evangelium der Erlösung für die ganze Menschheit enden.'' (Siehe ,,Die Geschichte des Staates

Israel".) Die Geschichte des jüdischen Volkes ist eine Geschichte der Umwege. Auch das Gelobte Land wurde unter vielen Mühen auf Umwegen erreicht und den dort ansässigen Kanaanitern abgerungen. Das war unter Josuah, dem Nachfolger Moses. Die Kinder Israels wurden seßhaft und wandelten sich von einem Volk nomadisierender Schafhirten zu bodenständigen Bauern und Handwerkern. Sie begannen ihre Gesellschaft den neuen Verhältnissen anzupassen. Die entscheidende staatliche Gewalt in dieser Periode der Stammesautonomie waren die jeweils herrschenden Richter.

Erez Israel

Bis heute blieben die Juden nie dauerhaft Herrscher über ihr Land. Viele Male wurde es besetzt und geplündert, wurden die Menschen Opfer von Unterdrückung und Vertreibung. Aber der feste Glaube an den Bund, den Gott, wie in der Bibel nachzulesen ist, mit ihnen geschlossen hatte, und zudem auch die Verheißung des Gelobten Landes gehörte, bewahrte die starke emotionale Bindung der Juden an Erez Israel, an das Land Israel. Der zionistische Theoretiker Judah Magnes schreibt über das Verhältnis der Juden zu diesem Land: ,,Es ist heilig für uns in einem praktischen und einem mystischen Sinne. Seine Heiligkeit zieht unsere Alten und unsere Jungen an, die Religiösen und Nichtreligiösen, die alle kommen wollen, um den Boden unseres heiligen Landes zu bearbeiten, sie alle schaffen eine ethische Gemeinschaft und machen das Land dadurch noch heiliger. Allein seine Landschaft und seine Farben helfen jedem Kind und jedem einfachen Menschen unter uns, unsere klassische Literatur und unsere Geschichte besser zu verstehen. Es hilft uns besser als jedes andere Mittel, unsere Seele aufzudecken und tief zu den Ursprüngen unseres Wesens vorzudringen. Wir lernen unsere Überlieferungen verstehen, und wir lernen sie zwischen diesen Bergen und Tälern und den Wüsten, unter diesen Leuten zu verstehen und zu schätzen. Die Quelle unseres Wesens ist die Geschichte."

Nichtjüdische Religionen in Israel

Aber auch andere Religionen sehen in Israel das Heilige Land. Größte nichtjüdische Bevölkerungsgruppe sind die Moslems mit rund 450 000 Menschen (die Zahl gilt für Israel einschließlich Ost-Jerusalem, aber ohne besetzte Gebiete). Praktisch alle arabischen Moslems im Lande gehören der sunnitischen Glaubensrichtung an. Der Schiismus spielt keine Rolle. Zweitstärkste Gruppe unter den Nichtjuden sind die Christen, von denen etwa 130 000 in Israel und den besetzten Gebieten leben. Es handelt sich zumeist um christliche Araber. Von den etwa 70 000 Katholiken sind 28 000 römisch-katholisch, der Rest besteht aus griechischen, maronitischen, chaldäischen, armenischen und syrischen sowie koptischen Katholiken. Dennoch dominiert der römisch-katholische Einfluß. Das liegt nicht zuletzt an der großen Zahl von Klöstern, Schulen, Hospizen, Krankenhäusern und anderen Missionseinrichtungen. von den rund 2200 nicht-arabischen, christlichen Repräsentanten sind 400 römisch-katholisch. Von großer Bedeutung ist auch die etwa 45 000 Seelen starke griechisch-orthodoxe Kirche. Die protestantischen Kirchen konnten erst um 1820 mit ihren Tätigkeiten in Palästina beginnen. Durch ihre eigenen Missions-Anstalten und nicht weniger durch diejenigen, die daraufhin seitens der anderen christlichen Kirchen (und Großmächte) sowie der Juden gegründet wurden, haben sie wesentlich zum Wiederaufbau des Heiligen Landes im 19. Jahrhundert beigetragen.

Das Verhältnis der einzelnen christlichen Konfessionen untereinander ist nach wie vor nicht frei von Spannungen. So achtet jede dieser Glaubensgemeinschaften sorgfältig darauf, daß ihr Besitz an den heiligen Stätten nicht von einer anderen geschmälert wird.

Eine besondere Rolle im Lande spielen die annähernd 45 000 Drusen, Angehörige einer im 11. Jahrhundert aus dem Islam entstandenen Geheimreligion. Die Drusen leben in Dörfern des Karmelgebirges und Galiläas sowie auf den Golan-Höhen. In Haifa und 'Akko befinden sich der geistige Mittelpunkt und die Verwaltungszentren der Baha'i-Religion. Die Baha'i-Religion entstand 1844 in der persischen Stadt Täbris. Auch sie ist letztlich ein geistiger Abkömmling des Islam. Mittlerweile ist der Glaube der Baha'i in praktisch allen Kontinenten verbreitet.

Sehr sehenswert sind der Baha'i-Tempel in Haifa und der ihn umgebende ,,Persische Garten".

Religionsfreiheit

Mit Israel haben sich die Juden zwar ihren eigenen Staat geschaffen. Aber nicht zuletzt die Erinnerung an die eigenen erlittenen Verfolgungen hat in ihnen die Einsicht in die Notwendigkeit religiöser Toleranz bestärkt. Faktisch genießen alle in Israel präsenten Glaubensgemeinschaften Religionsfreiheit. Schon in der Unabhängigkeitserklärung von

Die mächtigen Ölbäume im Garten Getsemane

1948 kam das klar zum Ausdruck: ,,Der Staat Israel wird allen seinen Bürgern ohne Unterschied der Religion, Rasse oder des Geschlechts völlige soziale und politische Gleichberechtigung zusichern. Er wird Glaubens- und Gewissensfreiheit, Freiheit der Sprache, Erziehung und Kultur gewährleisten und die heiligen Stätten aller Religionen unter seinen Schutz nehmen." Jede dieser Gemeinschaften genießt das gesetzlich verbriefte Recht auf den wöchentlichen Ruhetag und auf andere religiöse Festtage. Bestimmte Rechtsfragen, vor allem Personenstandsangelegenheiten, obliegen der autonomen Gerichtsbarkeit der anerkannten Religionsgemeinschaften.

Die christlichen Kirchen (Religionsgemeinschaften) in Jerusalem

In Israel wohnen ungefähr 130 000 Christen (besonders in Jerusalem, Bet Lehem, Nazrat). Der Staat Israel ist an einer dauerhaften Präsenz einer lebendigen christlichen Gemeinschaft innerhalb seiner Grenzen interessiert. Der Grundsatz der Gleichbehandlung aller Glaubensgemeinschaften ist, ebenso wie der Schutz der heiligen Stätten, gesetzlich festgelegt. Eine besondere Abteilung im israelischen Ministerium für die Religionen widmet sich den Kontakten mit den christlichen Kirchen. Am sogenannten status quo (Besitzverhältnisse von 1757) wird streng festgehalten.

Heute sind die Christen des Heiligen Landes in mehr als 35 Kirchengemeinschaften zersplittert, die — z.T. infolge theologischer Meinungsverschiedenheiten — schon im 5. Jahrhundert (Konzil von Chalcedon) entstanden sind. Darin kommt aber auch die Vielfalt der geschichtlichen, ethnischen und religiösen Traditionen, Gebräuche und Lebensweisen zum Ausdruck.

Fast alle Christen des Heiligen Landes sprechen arabisch. Es wird angenommen, daß ein großer Teil von ihnen von der frühchristlichen Gemeinschaft des byzantinischen Palästinas abstammt, die schon vor der Eroberung des Landes durch die Mohammedaner (7. Jahrhundert) die Bevölkerungsmehrheit bildete.

Unter den rund 100 Kirchen in der Altstadt von Jerusalem nehmen fünf Religionsgemeinschaften (1-5 der folgenden Aufstellung) für sich in Anspruch, bis auf die christliche Pfingstgemeinde zurückzugehen. Deshalb sind ihre Liturgie und ihre Überlieferungen für das Christentum von besonderem Interesse. Diese Kirchen genießen an den heiligen Stätten auch eine Reihe von Rechten und Privilegien. In der Grabeskirche z.B. nehmen die griechisch-orthodoxe, die armenische, die koptische, die syrische, die äthiopische und die römisch-katholische Kirche besondere Rechte in Anspruch, was auch Konfliktstoff bietet. Seit 7 Jahrhunderten ist der Schlüssel der Grabeskirche in der Obhut einer moslemischen Familie.

1. Die „Große Kirche" ist die **Griechisch-Orthodoxe Kirche**. Sie hat etwa 45 000 Mitglieder, ist in der Liturgie byzantinisch, in der Geistlichkeit griechisch. Ihr Oberhaupt ist der Patriarch. Die „Bruderschaft vom Heiligen Grabe" feiert täglich Gottesdienst im Katholikon, dem Herzstück der Grabeskirche.

2. Die **Armenisch-Orthodoxe Kirche** gilt mit dem Bischofsitz des Hl. Jakobus als Urzelle des Christentums in Jerusalem. Sie hat etwa 2500 Mitglieder.

3. Die **Syrisch-Orthodoxen Christen** haben ihre Zentralkirche im „Haus der Mutter von Johannes Markus". Diese Kirche geht auf die ersten Heiden-Christen zurück (Apg 2,2). Sie hat zusammen mit der

4. **Koptisch-Orthodoxen Kirche** (ägyptische Christen) etwa 2000 Mitglieder. An ihrer Spitze stehen Erzbischöfe.

5. Die **Äthiopier** zählen etwa 200 Mitglieder. Ihre Mönche wohnen in kleinen Hütten auf dem Dach der Grabeskirche; an der Spitze steht ein Erzbischof.

6. Die **Melkitische Kirche** (Griechisch-katholische Kirche) ist mit rund 40 000 Gläubigen die größte katholische Gemeinschaft im Heiligen Land. Sie vereinigt in Glauben, Liturgie und Ethos vor allem arabische Kultur, byzantinischen Einfluß und katholische Ausprägungen (besonders im Norden ansässig).

7. Die **Römisch-Katholische Kirche** (Lateiner) hat — von etwa 70 000 Gläubigen in sieben verschiedenen Riten — mit 28 000 Lateinern die meisten Anhänger und ein ausgedehntes Netz von theologischen, sozialen und kulturellen Einrichtungen. An ihrer Spitze steht der Patriarch von Jerusalem, zu dessen Diözesen auch Jordanien und Zypern gehören. Ein apostolischer Delegat vertritt die Interessen des Vatikans in Israel.
Unter den 16 Mönchsorden und rund 40 Kongregationen nehmen die Franziskaner eine bevorzugte Stellung ein. Sie wurden 1342 vom Papst mit dem Schutz der heiligen Stätten betreut. Vertreter der deutschen Katholiken im Heiligen Land sind die Benediktiner (Dormitionsabtei und Tabgha).

8. Die **Maroniten** sind in Israel eine kleine mit Rom unierte Gemeinde, die in Jerusalem ein Kloster und ein Hospiz haben. (St. Maron wurde zum Symbol der Rechtgläubigkeit, als sich die Kirche durch den Arianismus aufspaltete.)

9. Im Rahmen der orthodoxen Kirchen gibt es noch die **Russisch-Orthodoxe Kirche** und die **Russische Exilkirche** mit zahlreichen Kirchen, Klöstern, Schulen, Hospizen. Das orthodoxe Patriarchat erhält seine Direktiven von Moskau, die Russische Exilkirche vom Sitz der Kirche in New York.

10. Die **Anglikanische Kirche**, im 19. Jh. zunächst als Missionsstation und für die Betreuung der Engländer in der Mandatszeit tätig, unterhält heute Kirchen, Schulen, Wohlfahrtseinrichtungen. Sie hat einen arabischen Zweig, die „Arabische Episkopalkirche" (2300 Mitglieder).

11. Die **Lutherischen Kirchen** haben ursprünglich auch die Missionstätigkeit

in den Vordergrund gestellt. Vertreter der deutschen evangelischen Kirche ist der Propst der Erlöserkirche. Es gibt auch einen unabhängigen arabischen Zweig mit einem lutherischen Bischof. Etwa 20 weitere evangelische Bekenntnisgruppen (z.B. Baptisten, schottische Kirche, Quäker, Adventisten) sind in Jerusalem tätig.

12. Auch unter den Juden gibt es eine judenchristliche Gemeinde (z.B. ,,Gläubige Juden'', ,,Anonyme Juden'').

Jerusalem ist eine Einheit in Gegensätzen. Zwischen den verschiedenen christlichen Kirchen, dem Judentum und dem Islam gibt es eine Reihe theologischer, wissenschaftlicher, interkonfessioneller und oekumenischer Bemühungen um gegenseitiges Verständnis (z.B. Interfaith Association, Regenbogengruppe, christliche Bruderschaft für theologische Forschungsarbeit auf dem Zionsberg, oekumenisches Institut Tantur), die über den Austausch der Ergebnisse der Bibelforschung hinausgehen; dazu gehören auch der Kulturbereich, die Archäologie und landwirtschaftliche Genossenschaften (z.B. Nes Ammim und Neve Shalom) und viele soziale Einrichtungen der Ordensgemeinschaften.

Biblische Orte in der Heiligen Schrift

Jaffa (Joppe, heute Yafo)

3 km südlich von Tel Aviv, eine der ältesten Städte der Welt, ägyptische, phönizische und griechische Einflüsse.

Zur Zeit der Kreuzfahrer war Yafo Hafen und Bischofssitz; heute befindet sich dort eine dem Hl. Petrus geweihte Franziskanerkirche.

Zedernholz vom Libanon im Hafen von Yafo	2 Chr. 2, 15, Er. 3, 7
In Yafo besteigt Jonas ein Schiff aus Tarschisch	Jon. 1, 3
Petrus erweckt Tabita vom Tod und bleibt im Haus Simons des Gerbers	Apg. 9, 36 - 43
Vision des Petrus und Bitte der Abgesandten des Hauptmanns Kornelius aus Caesarea	Apg. 10, 9 - 23

Caesarea (Qesarya)

4. Jh. durch Phönizier gegründet, griechisch unter Alexander d. Gr., römisch unter Pompejus. Herodes d. Gr. (12 - 9 v. Chr.) gestaltete die Stadt im

hellinistisch-römischen Stil, Sitz der römischen Prokuratoren, hier residierte auch Pontius Pilatus, christl. Gemeinde im 3. Jh. erste Bibelschule, im 7. Jh. durch Perser und Araber erobert, im 12. Jh. durch die Kreuzfahrer. Heute Ruinen (Amphitheater, Pferderennbahn, Stadtmauern, Aquädukt, Reste der Zitadelle und einer dreischiffigen Kathedrale).

Diakon Philippus in Caesarea	Apg. 8, 40
Hauptmann Kornelius wird von Petrus getauft	Apg. 10
Herodes Agrippa stirbt während Ovationen	Apg. 12, 19 - 23
Paulus im Haus des Philippus	Apg. 21, 7 - 14
Paulus in Haft	Apg. 13, 23 - 36, 32

Haifa (Héfa)

Am Hang des Karmel, Persische Gärten, Baha'i Tempel. In Haifa gibt es eine christliche Gemeinde (Meginim-Str.). Die Boromäerinnen unterhalten ein Hospiz. Gründung des Karmeliterordens zur Kreuzfahrerzeit. Heute ist im Kloster ,,Stella Maris'' ein Pilgerhospiz. An der Südostspitze liegt Muchraka (Ba'al Priester), großartiger Blick, ebenfalls vom ,,Kaiser-Wilhelm-Denkmal'' (Panorama-Str. 59) oder von der Aussichtsgalerie der Universität.

Gottesurteil auf dem Karmel	1 Kön. 18, 17 - 39
,,Die Pracht des Karmel''	Jes. 35, 2

'Akko

Schon im 19. Jh. v. Chr. erwähnt, unter assyrischer und persischer Herrschaft; in der hellenistischen Zeit Ptolemaios genannt; 7. Jh. n. Chr. islamisch, im 11. Jh. Sitz der Kreuzfahrer (St. Jean d'Acre), dann von den Mamelucken erobert und 1799 von Napoleon belagert. Alte Festungsmauern, Karawanserei, Zitadelle, El Jazzar-Moschee, Krypta, Rittersäle und Spitäler der Johanniter, Fischerhafen, persischer (Baha'i) Garten (etwas nördlich der Stadt).

Hochzeitsfeier des Alexander Balas mit Kleopatra	1 Makk. 10, 58
Jonatan der Makkabäer verhandelt in Ptolemais mit Alexander und Ptolemäus	1 Makk. 10, 59f
Jonatan wird in Ptolemais ermordet	1 Makk. 12, 48
Paulus besucht Ptolemais und bleibt einen Tag ,,bei den Brüdern''	Apg. 21, 7

Zfat (Safed)

Im obergaliläischen Bergland, eine der heiligen Städte des Judentums, Lehr-
stätte der Kabbala, der jüdischen Mystik. Heute Künstler-Zentrum.

Hazor (Tel Hazor)

In Nordgaliläa, bedeutende Stadt in biblischer und vorbiblischer Zeit; heute
Ausgrabungsfeld.

Josua besiegt Jabin von Hazor	Jos. 11, 1 - 13
Salomo befestigt Hazor	1 Kön. 9, 15
Tiglat-Pileser fällt in Israel ein und zerstört auch Hazor	2 Kön. 15, 29f
Im Kampf gegen Demetrius (147 v. Chr.) lagert Jonatan in der Ebene von Hazor	1 Makk. 11, 67-74

Caesarea Philippi (Banyas, Paneas)

Quellgebiet des Jordan, Herodes baute zu Ehren des Kaisers Augustus hier einen Tempel, sein Sohn Philippus baute die Stadt Caesarea Philippi.

Messiasbekenntnis des Petrus und Verheißung des Primats	Mt. 16, 13 - 20; Mk. 8, 27-; Lk. 9, 18 - 21

Dan

Nördlichste Stadt, ,,ganz Israel von Dan bis Be'ér Sheva'"	(1 Sam 3, 20).

Jordan (Ha Yarden)

Der Jordan bildet die Grenze zwischen Kanaan und dem Siedlungsgebiet der
Ammuniter und Moabiter. Er ist Grenze des verheißenen Landes.

Geschichte vom Jordanübergang unter Josua	Jos. 3 - 4
Mord an den Efraimitern	Ri. 12

Leute von Jabesch holen Sauls Leichnam unter den Jordan	1 Sam. 31, 11f
Der Syrer Naaman badet im Jordan	3 Kön. 5, 1 - 14
Berufung des Täufers und erstes Auftreten	Mt. 3, 1 - 12; Mk. 1, 1 - 8; Lk. 3, 1 - 18
Taufe Jesu	Mt. 3, 13 - 17; Mk 1, 9- Lk. 3, 21 - 22

See Genezareth (Yam Kinneret, See Galiläa)

Der See und seine Umgebung gehören zu den bevorzugten Plätzen für das Wirken Jesu.

"Eure Ostgrenze sollt ihr ziehen ... östlich von Kinneret..."	Num. 34, 10f
Sihon, König der Amoriter, herrscht ,,bis an den See Kinneret"	Jos. 13, 2f
Das Gebiet von Gad reicht ,,bis an das Ende des Sees Kinneret"	Jos. 13, 27
Jonatan und sein Herr lagern am See	1 Makk. 11, 67
Jesus lehrt vom Boote Simons aus	Lk. 5, 1 - 3
Reicher Fischfang	Lk. 5, 4 - 11
Berufung des Matthäus	Mt. 9, 9 - 13; Mk 2, 13 - 17; Lk 5, 27 - 32
Seesturm	Mt. 8, 18, 23 - 27; Mk 4, 35 - 41; Lk 8, 22 - 25
Heilung der Blutflüssigen und Erweckung der Tochter des Jairus	Mt. 9, 18 - 26; Mk 5, 21 - 43; Lk. 8, 40 - 56
Wandeln auf dem See	Mt. 14, 22 - 33; Mk 6, 45 - 52; Joh. 6, 16 - 21
Heilung vieler Kranker	Mt. 15, 29 - 39

Haifa — nicht nur Israels schönste Stadt, sondern eine der schönsten der Welt

Tel Aviv — Hügel des Frühlings. Blick über den Uhrturm von Jaffa

Sonnenaufgang am See Genezareth. Einer der Schauplätze des Lebens Jesu

Ausgegraben in Capernaum am See Genezareth: die Reste einer Synagoge aus dem 4. bis 5. Jahrhundert n. Chr.

Die el Jezzar-Moschee in 'Akko. Achmed el Jezzar, albanischer Hauptmann im Sold des türkischen Sultans, hielt 'Akko 1799 gegen Napoleon.

Das Wahrzeichen Jerusalems, der Felsendom, erbaut 691 (links die El Agsa-
Moschee, im Vordergrund die Klagemauer).

Das neue Jerusalem: das Israel-Museum, im Hintergrund die Knesset

Der vor kurzem rekonstruierte Cardo in der Altstadt von Jerusalem

Neues Altes Jerusalem: Neubauten in der Altstadt greifen den Stil des Bestehenden auf

Traditionelles Jerusalem: das Gebet an der Klagemauer

Wehe über die unbußfertigen Städte	Mt. 11, 20 - 24; Lk. 10, 13 - 16
Erscheinung des Auferstandenen	Joh. 21, 1 - 14
Übertragung des Hirtenamtes an Petrus	Joh. 21, 15 - 17

Capernaum (Kfar Nahum — Dorf des Nahum)

Schon in hellenistischer und römischer Zeit besiedelt, Grenzstation an der Karawanenstraße ins Ostjordanland. Hier wohnten Simon Petrus und Andreas; Überreste einer Synagoge aus dem 4. Jh.

Heilung des Sohnes eines königl. Beamten	Joh. 4, 46b - 54
Jesus in der Synagoge	Mk. 1, 21-28; Lk. 4, 31b - 37
Heilung der Schwiegermutter des Petrus	Mt. 8, 14f; Mk. 1, 29 - 31; Lk. 4, 38f
Jesus heilt die Kranken	Mt. 8, 16f; Mk. 1, 32 - 34; Lk. 4, 40f
Heilung eines Gelähmten	Mt. 9, 1 - 8; Mk. 2, 1 - 12; Lk. 5, 17 - 26
Der Hauptmann	Mt. 8, 5 - 13; Lk. 7, 1 - 10
Verheißung der Eucharistie	Joh. 6, 22 - 71

Tabgha (Heptapegon = Siebenquell)

Am Nordwestufer des Sees Genezareth

1. **Mensa Christi**
   über den ,,steinernen Stufen, auf denen der Herr stand", ist eine Kapelle erbaut, die der Übertragung des Hirtenamtes an Petrus geweiht ist.

2. **Kirche der Brotvermehrung**
   Gedächtniskirche aus dem 5./6. Jh. mit prachtvollen Mosaiken, durch den Heilig-Land-Verein wiedererrichtet, von den Benedektinern gehütet.

| Wunderbare Brotvermehrung | Mt. 14, 13 - 21; Mk. 6, 31 - 44; Lk. 9, 10 - 17; Joh. 6, 1 - 15; Mk. 8, 1 - 10 |

Berg der Seligpreisungen

Kirche und Pilgerhospiz

Bergpredigt	Mt. 5, 17 - 29; Lk. 6, 17 - 49

Magdala (im Talmud: Migdal)

am Westufer des Sees Genezareth

Maria von Magdala	Lk. 8, 2; Mk. 15, 40; Joh. 20, 11 - 18

Tiberias (Tverya)

Von Herodes Antipas auf den Ruinen der Nekropole Rekkat errichtet, 200 n. Chr. Sitz des Sanhedrin und der jüdischen Gelehrtenwelt; hier entstanden die Mischna und der Talmud.

See von Tiberias	Joh. 6, 1; 21, 1; 6, 23

Kursi (Gerasa)

Reste eines byzantinischen Klosters, Mosaikfußboden mit griechischer Inschrift.

Jesus heilt einen vom Teufel Besessenen	Mk. 5, 1

Nazareth (Nazrat)

Eine arabische Stadt, deren Einwohner meist Christen sind (Lateiner, Griechisch-Katholische, Maroniten, Griechisch-Orthodoxe, Kopten, Anglikaner, Protestanten); Verkündigungskirche, Marienbrunnen, alte Synagoge, Kloster der Kleinen Schwestern von Charles de Foucauld.

Verkündigung der Geburt Jesu	Lk. 1, 26 - 30
Heimkehr nach Nazareth	Mt. 2, 19 - 23; Lk. 2, 39f
Verwerfung Jesu in seiner Vaterstadt	Mt. 13, 53 - 58; Mk. 6, 1 - 6a; Lk. 4, 16 - 30

Na'im (Nein)

Kleines Araberdorf am Fuße des Gib'at ha-More

Der Jüngling von Na'im	Lk. 7, 11 - 17

Kaná

Dorf in Galiläa

Hochzeit und Weinwunder	Joh. 2, 1 - 11

Tabor (Har Tavor)

Heiliger Berg seit alter Zeit, der Überlieferung nach traf auf dem Tabor Melchisdek den Abraham. In den Ruinen einer Kirche aus der Kreuzfahrerzeit ist die heutige Taborkirche der Franziskaner erbaut.

Tabor als Fluchtburg. Unterhalb des Bergs wird Sisera von Barak und Debora geschlagen	Ri. 4
„Tabor und Hermon jauchzen bei deinem Namen"	Ps. 89, 13
Kampf des Propheten gegen fremden Kult auf dem Tabor	Hos. 5, 1
Verklärung Jesu	Mt. 17, 1 - 8; Mk. 9, 2 - 8; Lk. 9, 28
Heilung des besessenen Knaben	Mt. 17, 14 - 21; Mk. 9, 14 - 29; Lk. 9, 37 - 43

Megiddo

Jesreel Ebene, an der alten Handelsstraße via maris, unter Salomo zu einer großartigen Festung ausgebaut.

Manasse kann die Bewohner Megiddos nicht vertreiben	Ri. 1, 27
Debora-Schlacht an den Wassern Megiddos	Ri. 5, 19
Salomo befestigt Megiddo	1 Kön. 9, 15
Ahasja von Juda stirbt in Megiddo	2 Kön. 9, 27
Joschija unter Pharao Necho	2 Kön 23, 29f

| „Klage um Hadad-Rimmon im Tal von Megiddo" | Sach. 12, 11 |
| Schlacht von Harmagedon | Offb. 16, 16 |

Sichem (Nablus)

Biblisch hoch bedeutsame Gegend (Gott sprach zu Abraham „Dies Land will ich deinen Nachkommen geben")

Abraham an der Eiche bei Sichem	Gen. 12, 6f
Jakob kommt nach Sichem und erwirbt ein Grundstück	Gen. 33, 18 - 20
Simeon und Levi überfallen Sichem	Gen. 34
Kultische Reinigung an der Eiche bei Sichem	Gen. 35, 1 - 4
„Landtag" zu Sichem	Jos. 24
Grab Josefs bei Sichem	Jos. 24, 32
Wallfahrer aus Sichem ziehen nach Jerusalem	Jer. 41, 4 - 5
Jesus und die Samariterin am **Jakobsbrunnen**	Joh. 4, 1 - 42

Jericho

Älteste Stadt der Erde (7000 v. Chr.); Palast des Omajaden Kalifen Hischam (8. Jh.).

Kundschafter in Jericho	Jos. 2
Kultprozession und Einnahme von Jericho	Jos. 6
Hiel baut Jericho in der Zeit des Ahab wieder auf	1 Kön. 16, 34
Jünger des Propheten Elischa leben in Jericho, Elischa „heilt" das Wasser der Quelle	2 Kön. 2
Versuchung Jesu	Mt. 4, 1 - 11; Mk. 1, 12 - 13; Lk. 1 - 13
Barmherziger Samariter	Lk. 10, 25 - 37
Blindenheilung	Mt. 20, 29 - 34; Mk. 10, 46 - 52; Lk. 18, 3
Jesus und Zachäus	Lk. 19, 1 - 10

'En Gedi

Oasensiedlung am Toten Meer, eine Hauptsiedlung der Essener, heiße Quellen

David auf der Flucht vor Saul   1 Sam. 24

,,Eine Hennablüte ist mein Geliebter mir aus den Wein-
bergen von En Gedi"   Hld. 1, 14

Hebron (Hevron)

(früher Kyriat Arba), 37 km südlich von Jerusalem

Gräber des Erzvaters Abraham und Saras   Gen. 23

Kundschafter in Hebron   Num. 13, 23f

Hebron wird Levitenstadt   Jos. 21, 11; 1 Chr.
                                                6, 40

David wird König über Israel   2 Sam. 5, 1 - 5

Judas der Makkabäer erobert die Stadt   1 Makk. 5, 65

Jerusalem, die heilige Stadt, und Umgebung

(hebr. Yerushalayim, arab. El Kuds)
4000jährige Geschichte, Zentrum des jüdischen Glaubenslebens, Stadt der drei
monotheistischen Religionen.

En Karem (St. Johann im Gebirge)

7 km westlich von Jerusalem

Maria besucht Elisabeth   Lk. 1, 39 - 56

Geburt des Täufers   Lk. 1, 57 - 80

Bethlehem (Bet Lehem)

7 km südlich von Jerusalem
Die Geburtskirche teilten sich die Griechen, Armenier, Kopten, Syrier und Katholiken.

Tempelplatz

Betseda Teich

Zönaculum (Abendmahlsaal)

Bereitung des Ostermahls	Mt. 26, 17 - 19; Mk. 14, 12 - 16; Lk. 22, 7 - 13
Fußwaschung	J. 13, 1 - 111
Einsetzung der Eucharistie	Mt. 26, 26 - 28; Mk. 14, 22 - 24; Lk. 22, 19f

St. Peter in Gallinantu

Verleugnung des Petrus	Mt. 26, 69 - 75; Mk. 14, 66 - 72; Lk. 22, 54 - 62; Joh. 18, 15 - 27

Kidrontal

David flieht über den Kidron	2 Sam. 15, 23
Joschija läßt die Reste heidnischer Altäre ins Kidrontal werfen	2 Kön. 23, 12
Die Tempelquelle bewässert das Tal, ,,heilt" Wüste und Totes Meer	Ez. 47, 1 - 12
Jesus geht über den Kidron nach Getsemane	Joh. 18, 1

Shilochteich

Kanalbau unter Hiskija	2 Kön. 20, 2; 2 Chr. 30 - 32
Jesaja und Ahas begegnen sich ,,am Ende der Wasserleitung des oberen Teiches"	Jes. 7, 1 - 7
Blindenheilung	Joh. 9, 1 - 7

Ölberg

— Dominus flevit
  Klage Jesu über Jerusalem

  Lk. 19, 41 - 44

  Jesu feierlicher Einzug in Jerusalem

  Mt. 21, 1 - 9;
  Mk. 11, 1 - 10;
  Lk. 19, 29 - 3;
  Joh. 12, 12 - 16

  Weissagungen vom Weltende

  Mt. 24, 1ff; Mk.
  13, 1ff; Lk. 21, 5ff

— **Getsemane**
  Jesu Todesangst

  Mt. 26, 36 - 46;
  Mk. 14, 32 - 42;
  Lk. 22, 4

  Jesu Gefangennahme

  Mt. 26, 47 - 56b;
  Mk. 14, 43 - 52;
  Lk. 22, 47 - 53;
  Joh. 18, 2 - 12

— **Pater noster Kirche (Eleona Basilika)**
  Vater unser

  Mt. 6, 9 - 13; Lk.
  11, 1 - 4

— **Himmelfahrtskirche**
  Himmelfahrt Jesu

  Mk. 16, 16; Lk.
  24, 44 - 53; Apg.
  1, 4 - 14

— **Betanien (Haus des Lazarus)**

  Jesus bei Martha und Maria

  Lk. 10, 38 - 42

  Tod und Auferweckung des Lazarus

  Joh. 11, 1 - 44

  Salbung im Hause Simons des Aussätzigen

  Mt. 26, 6 - 13;
  Mk. 14, 3 - 9;
  Joh. 12, 1 - 8

  Verfluchung des Feigenbaumes

  Mt. 21, 17 - 22;
  Mk. 11, 12 - 14

Geißelungskapelle

Jesu Geißelung, Dornenkrönung und Verspottung

Mt. 27, 26b - 30;
Mk. 15, 15b - 19;
Joh. 19, 1 - 3

Burg Antonia

Jesus vor Pilatus

Mk. 15, 1 - 20;
Mt. 27, 11 - 31;
Joh. 18, 28 - 19

Ecce Homo Kirche

Joh. 19, 4 - 8

Paulus wird auf dem Tempelplatz verhaftet und in der
Antonia festgesetzt

Apg. 21, 31 - 36

Via Dolorosa

Kreuzweg durch die Straßen der Altstadt

Grabeskirche

Kreuzigung Jesu

Mt. 27, 33 - 36;
Mk. 15, 22 - 25;
Lk. 23, 33; Joh.
19, 18

Durchbohrung der Seite Jesu

Joh. 19, 31 - 37

Kreuzabnahme und Grablegung

Mt. 27, 57 - 61;
Mk. 15, 42 - 47;
Lk. 23, 50 - 55;
Joh. 19, 38 - 42

Grabeswache

Mt. 27, 62 - 66

Glorreiche Auferstehung

Mt. 28, 2 - 4

Frauen am Grabe

Mt. 28, 1; Mk.
16, 2 - 4; Lk. 24,
1 - 3; Joh. 20, 1,
2

Engelerscheinungen

Mt. 28, 5 - 7;
Mk. 16, 5 - 8; Lk.
24, 4-8

| Petrus und Johannes am Grabe | Lk. 24, 12; Joh. 20, 3 - 10 |
| Jesus erscheint Magdalena | Mk. 16, 9 - 11; Joh. 20, 11 - 18 |

(Zusammengestellt aus: Stätten der Bibel 1, Oekumenischer Arbeitskreis für Biblische Reisen und ,,Im Land des Herrn", Führer für Pilger)

Zeugnisse der Geschichte

In kaum einer Weltgegend überlagern sich die steinernen Zeugnisse der Geschichte so vielschichtig wie in Israel. Das ganze Land ist ein archäologisches Museum. Doch es gibt auch noch zahlreiche Stätten, die auf Ausgrabung warten oder die erst zum Teil wieder freigelegt worden sind.

Auf acht Ausgrabungsplätze soll im folgenden hingewiesen werden. Der fachlich interessierte Leser wird die entsprechenden Sachbücher kennen oder zu finden wissen. Hier ist es — wie in den anderen Kapiteln dieses Buches — die Absicht, aufmerksam und neugierig zu machen. Denn ein Besuch der einen oder anderen Ausgrabungsstätte heißt, auch die eigene Existenz ein wenig in das Kontinuum der Menschheitsgeschichte zu stellen, die aus dieser Weltgegend entscheidende Impulse erfahren hat.

Jericho

Kathleen Kenyon, eine englische Archäologin, hat von 1952 bis 1958 den Tel von Jericho ausgegraben. Tel nennt man Hügel, die dadurch entstanden sind, daß im Laufe der Geschichte neue Siedlungen immer wieder auf die Ruinen früherer Siedlungen gebaut wurden. Freigelegt wurde in Jericho ein Turm von 10 m Höhe, dessen Alter man auf etwa 9000 Jahre bestimmt hat. Bisher ist kein älterer befestigter Platz auf der Erde entdeckt worden.

Hier stehen wir vor dem frühesten Zeugnis der Seßhaftwerdung der Menschen. Sie kamen nicht mehr als Nomaden zur Quelle, sondern ließen sich nieder, nahmen ein Stück Erde in Besitz, um Ackerbau zu betreiben — und mußten es verteidigen — in der Entwicklung der menschlichen Gemeinschaft ein in der Tat folgenschwerer Schritt. Die Rätsel der archäologischen Funde von Jericho sind längst noch nicht alle gelöst. Aber zumindest hat man jetzt ein Datum, wann Menschen das in Jahrtausenden tradierte Verhalten als Jäger und Sammler aufgaben und Bauern wurden.

Ein Ausschnitt aus den Schriftrollen von Qumram — den ältesten Bibeltexten

Qumram

Es war eine Sensation, als 1947 durch Zufall Bibelrollen in den Bergen
am Toten Meer gefunden wurden, von einem Beduinenjungen, der eine
Ziege suchte. Nachdem die Bedeutung des Fundes erkannt worden war
und Wissenschaftler der Sache systematisch nachgingen, wurden weitere Texte des Alten Testamentes in den Höhlen der zum Toten Meer ab-
fallenden Felsberge der Judäischen Wüste entdeckt. Und man fand auch
die Stelle der Herkunft: Qumram, die Wohn- und Arbeitsstätte einer jüdischen Sekte, der Essener, die aus der Zeit Christi bekannt sind. Ein
Hügel in der Nähe der Höhlen stellte sich als Tel heraus, man legte die
Ruinen frei und erhielt Hinweise auf ein Skriptorium, ein Refektorium,
eine Küche, eine Töpferei, ein Wassersystem. Auch ein Friedhof mit
über 1000 Gräbern kam zutage. Geheimnis blieb, wo und wie die Essener gewohnt haben. Man vermutet, sie könnten in Zelten oder in Höhlen geschlafen haben.

Das St. Georgskloster

Massada

Schon der Anblick von weitem macht einen majestätisch erhabenen Eindruck. Ein hoch aufragendes Felsplateau vor der Bergkette der Judäischen Wüste, nicht allzu weit vom Ufer des Toten Meeres.

Herodes der Große ließ sich auf dem über 400 m hoch aufsteigenden Berg einen als uneinnehmbar geltenden Palast bauen. Zisternen, Bäder, Lagerhallen, prunkvolle Säle, Verteidigungsanlagen — der Palast war nicht nur mit dem Notwendigen, sondern mit Luxus ausgestattet.

70 n. Chr., nach der Zerstörung Jerusalems, erhoben sich die Juden gegen die Römer und verloren. Einer Schar von ihnen gelang die Flucht. 960 Personen, Männer, Frauen und Kinder, verschanzten sich auf der Felsenfestung. Zwei Jahre hielten sie der römischen Belagerung stand. Dann hatten die Römer einen Erdwall — die sogenannte Rampe — von Westen an den Berg aufgeschüttet. Mit Hilfe eines Belagerungsturms und eines Rammbocks gelang ihnen dann die Erstürmung. Doch sie fanden nur Tote. Um nicht in die Sklaverei zu fallen, hatten sich die Verteidiger von Massada nach einem festgelegten Plan gegenseitig umgebracht. Nur zwei Frauen und fünf Kinder überlebten den Freitod der Verteidiger. Sie hatten sich in einer Zisterne versteckt.

Nachzulesen bei Flavius Josephus, jüdischer Geschichtsschreiber des 1. Jahrhunderts.

In diesem historischen Ereignis sehen die Israelis heute ein Vorbild für ihre Verteidigungsbereitschaft. Rekruten ihrer Armee leisten hier oben den Schwur: ,,Massada darf nie wieder fallen!"

Das Gelände auf dem Plateau ist sehr weitläufig, so daß man sich genügend Zeit für die Besichtigung nehmen sollte. Auch fesseln immer wieder die Ausblicke hinunter zum Toten Meer. Am Fuße des Berges sind noch die Umrisse der Römerlager zu erkennen. Um einen genaueren Eindruck der ehemaligen Gebäude zu geben, hat man zahlreiche Mauern wieder aufgebaut. Schwarze Linien markieren die Rekonstruktion.

Von 1963 bis 1965 hat Yigael Jadin die Ruinen auf Massada freigelegt.

Avedat (Avdat)

Mitten im Negev liegen auf einer Anhöhe die Ruinen von Avedat. Die Stadt wurde nicht zerstört, sondern von ihren letzten Bewohnern verlassen; sie verfiel und wurde vom Wüstensand zugedeckt. Mit Ausgrabungen wurde 1936 begonnen, nachdem man schon länger von den Resten einer Ansiedlung wußte. Was Avedat so faszinierend macht, sind die Zeugnisse für ein Gemeinwesen, das vor mehr als 2000 Jahren in der Wüste als städtische Ansiedlung geschaffen wurde. Im 2. Jahrhundert v. Chr. kamen die Nabatäer, ein Volksstamm aus Arabien, in den Negev und gründeten Städte, so Avedat. Sie verstanden es, die spärlichen Regenfälle durch Speicherung zu nutzen. Später lebten Römer, dann Byzantiner in Avedat. Die Zeugnisse der Vergangenheit reichen bis ins 6. Jahrhundert nach Christus, so die Ruinen der St.-Theodorus-Kirche. Mit dem Vordringen des Islam erlosch das Leben in Avedat. Heute aber bemühen sich die Israelis mit Erfolg, die Bewässerungstechniken der antiken Bewohner für ihren Landbau in der Wüste anzuwenden.

Caesarea maritim — Reste einer römischen Prachtanlage

Caesarea

Herodes der Große (37 bis 4 vor Christus), aus dem Neuen Testament bekannt, entwickelte eine rege Bautätigkeit, u.a. durch den Bau einer

111

Hafenstadt am Mittelmeer, die er zu Ehren des Kaisers in Rom Caesarea nannte. Aquädukt, Jupiter-Tempel, Badeanlagen, Amphitheater und Hippodrom zeigen allein schon durch ihre Ausmaße, wie groß Caesarea angelegt war. Herodes machte die Stadt zu seinem Regierungssitz, dann residierten hier die römischen Prokuratoren, schließlich die Verwalter der Byzantiner. Die Apostelgeschichte berichtet von den Aufenthalten der Apostel Petrus und Paulus. Als die Araber ins Land kamen, zeigten sie an dieser Hafenstadt wenig Interesse. Erst die Kreuzfahrer ließen sich wieder hier nieder, um den Seeweg nach Europa zu sichern.

Ende des 13. Jahrhunderts zerstörten die Mamelucken Caesarea endgültig — wie auch alle anderen Ortschaften entlang der Küste Palästinas (Akko, Haifa, Jaffa usw.).

Megiddo

Die Archäologen — als erster der württembergische Templer Gottlieb Schumacher aus Haifa — haben mehr als 20 verschiedene Besiedlungen dieses Hügels festgestellt. Seine Bedeutung erklärt sich aus seiner besonderen Lage. Die Durchgangsstraße von Ägypten nach Mesopotamien führte östlich des Karmel hier vorbei. Die ältesten Funde datieren aus der Zeit der Kanaaniter vor 4000 Jahren, also noch vor der Landnahme der Israeliten. Weitere Gebäudereste stammen aus der Zeit der Könige David und Salomo. Dieser unterhielt in Megiddo Stallungen für nicht weniger als 500 Streitwagenpferde. Um jederzeit genügend Wasser im Festungsbereich der Ansiedlung zu haben, leiteten die Israeliten eine Quelle durch den Bau eines Tunnels in den Innenbereich ihrer Verteidigungsanlagen. Ein Modell beim Eingang macht anschaulich, was im Laufe der Geschichte auf diesem Hügel alles gebaut und wieder zerstört wurde.

Belvoir

,,Schöne Aussicht'' nannten die Kreuzritter ihre Burg hoch über dem Jordantal, südlich des Sees Genezareth. Und in der Tat: Es ist eine großartige Aussicht hinunter ins Tal und hinüber zu den jordanischen Bergen. Während man in Megiddos Ruinen den geübten Blick des Archäologen braucht, um Anhaltspunkte für das zu finden, was da einmal war, läßt sich in Belvoir anhand der noch erhaltenen Substanz vieles erschließen. Es ist gewaltig, was im 12. Jahrhundert dazu diente, eine Burg uneinnehmbar und bewohnbar zu machen. Die Sarazenen vermochten denn auch trotz dreijähriger Belagerung nicht, Belvoir zu erobern. Erst Saladin gelang es, nachdem er das Heer der Kreuzfahrer bei Hittin (Kefar Hittin), westlich des Sees Genezareth, geschlagen hatte, nach zweijähriger Belagerung Belvoir zu stürmen. Anfang des 13. Jahrhunderts wurde die Burg unbewohnbar gemacht.

Capernaum

Zur Zeit Jesu war es ein Fischerstädtchen am Nordufer des Sees Genezareth. Vier Apostel stammen von hier. Petrus, Andreas, Jakobus und Johannes. Das Ausgrabungsfeld gibt wohl kaum einen Eindruck davon, was hier einst die Kulisse zu den Ereignissen bot, über die das Neue Testament berichtet. Die teilrekonstruierte Synagoge ist nicht die, in der Jesus lehrte, sondern ein Bau, den die Archäologen auf das Ende des 2. oder den Beginn des 3. Jahrhunderts datieren.

Franziskaner pflegen und verwalten in Capernaum auch diesen ,,Holy place". In Capernaum wie an anderen Stellen des Heiligen Landes zeigt sich, daß hier zwar die Ausgangspunkte für den christlichen Glauben sind, aber lebendiges Chistentum eher andernorts zu finden ist — gebunden an Menschen, nicht an Ruinen.

Heute fischen vor allem Touristen im See Genezareth

Historische Zeittafel

ca. 1700 v. Chr.	Aus Mesopotamien kommend, dem heutigen Irak, siedeln sich die Patriarchen Abraham, Isaak und Jakob in Palästina an. Sie stehen einem Stamm von Hirtennomaden vor. Ihre Nachkommen wandern wegen Hungersnot nach Ägypten aus. Die Höhle von Machpela bei Hebron wird als Grabstätte der Patriarchen verehrt.
1480 v. Chr.	Palästina wird eine Provinz Ägyptens, das bei Megiddo die Kanaaniter besiegt.
ca. 1300 v. Chr.	Die Juden verlassen Ägypten und wandern unter Führung von Moses während 40 Jahren durch die Wüste Sinai zurück nach Palästina. Sie erobern das Land zu beiden Seiten des Jordans und besiedeln es.
ca. 1200 v. Chr.	Wanderungen von ,,Seevölkern'' im östlichen Mittelmeergebiet. Ein Stamm setzt sich im Küstenbereich des heutigen Israel fest. Diese Philister geben dem Land ,,Palästina'' seinen Namen.
ca. 1020 - 1004 v. Chr.	Während der Regentschaft des Königs Saul kämpfen die Stämme Israels gegen die Philister.
ca. 1000 v. Chr.	Sauls Sohn David macht das von ihm eroberte Jerusalem zur Hauptstadt.
ca. 960 - 925 v. Chr.	Während der Regentschaft von Davids Sohn Salomon entsteht in Jerusalem der Erste Tempel (,,Salomonischer Tempel'').
ca. 925 v. Chr.	Nach Salomons Tod spaltet sich das Land in einen nördlichen Teil namens Israel, dessen Hauptstadt zunächst Sichem (ab 880 Samaria) wird, sowie einen südlichen mit Jerusalem als Hauptstadt.
ca. 745 - 722 v. Chr.	Die Assyrer bekämpfen und erobern schließlich Israel und bringen einen Teil seiner Bevölkerung in die Verbannung. Als Nachkommen dieser Gruppe gelten die wenigen Samaritaner, die heute als ethnische und religiöse Gemeinschaft in Israel sowie in der Gegend von Nablus leben.
ca. 639 - 609 v. Chr.	Die Babylonier bekämpfen das syrische Reich.
ca. 586 v. Chr.	Der babylonische Herrscher Nebukadnezar erobert Juda mit der Hauptstadt Jerusalem. Der Erste Tempel wird zerstört. Ein Großteil der Juden wird nach Mesopotamien in die ,,babylonische Gefangenschaft'' verschleppt.

538 v. Chr.	Babylon wird von dem Perserkönig Kyros besiegt. Er erlaubt den Juden die Rückkehr und die Errichtung des Zweiten Tempels in Jerusalem. Die Juden leben in relativer Autonomie unter persischer Lehenshoheit.
ca. 332 v. Chr.	Palästina kommt unter griechisch-makedonische Herrschaft (Alexander der Große).
ca. 168 v. Chr.	Unter Führung der Hasmonäerfamilie organisieren die Juden einen Aufstand gegen die griechischen Seleukiden, die die jüdische Glaubensautonomie einzuschränken suchen. Das Land erreicht dabei seine Unabhängigkeit.
ca. 140 v. Chr.	In Juda Herrschaft des Jüdischen Geschlechts der Hasmonäer.
ca. 63 v. Chr.	Palästina wird römische Provinz. Als Prokurator über Juda setzt der Eroberer Pompeius den Idumäer Antipater ein.
ca. 34 v. Chr.	Herodes der Große regiert unter römischer Oberhoheit. Er gilt als blutrünstiger Herrscher, tut jedoch viel für die Entwicklung des Landes und der Städte. Eine rege Bautätigkeit kennzeichnet sein Regime. Der Zweite Tempel wird restauriert. In Jerusalem leben zeitweilig 200 000 Menschen.
ca. 33 n. Chr.	Während der Regierungszeit von Herodes Antipas, des Sohnes Herodes des Großen, wird Jesus gekreuzigt.
ca. 66 n. Chr.	1. jüdischer Aufstand gegen die Römer
ca. 70 n. Chr.	Titus erobert Jerusalem und setzt den Zweiten Tempel in Brand.
73 n. Chr.	Auch die Felsenfestung Massada am Toten Meer wird nach mehrjähriger Belagerung von den Römern genommen, nachdem die Verteidiger Selbstmord begangen haben.
132 - 135 n. Chr.	Unter Simon Bar Kochba zweiter jüdischer Aufstand. Kaiser Hadrian schlägt die Erhebung nieder und verbietet den Juden den Zugang nach Jerusalem.
395 - 636 n. Chr.	Palästina wird von Byzanz beherrscht. Die jüdische Bevölkerung ist nur noch eine Minderheit.
639 n. Chr.	Das Land gerät unter arabische Herrschaft. Kalif Omar erobert Jerusalem. Nach ihm ist die Omar-Moschee in Jerusalem benannt, die bei Nicht-Muslims als Felsendom bezeichnet wird.
11. Jahrhundert	Die türkischen Seldjuken besetzen das Land.
1099	Nach blutiger Eroberung errichten die europäischen Kreuzfahrer das Königreich Jerusalem. Mit den Kreuzzügen beginnen in Deutschland und Frankreich die Verfolgungen von Juden als Feinden des Glaubens.
1291	Akko fällt als letzte christliche Festung, und Palästina wird von den Mamelucken genommen. Das Land ist nur noch gering besiedelt.

1516	Die 401 Jahre dauernde ottomanische, also türkische, Herrschaft beginnt. Ein Versuch Napoleons, auf seinem Ägyptenfeldzug 1799 Akko zu erobern, scheitert.
1917/1918	Der britische General Allenby erobert Palästina von den im Ersten Weltkrieg mit den Deutschen verbündeten Türken.

Badefreuden am Mittelmeer

An Möglichkeiten zum Baden und Schwimmen mangelt es in Israel nicht: Mittelmeer, Totes Meer, Rotes Meer, See Genezareth und teilweise wunderschön gelegene Swimmingpools. Wer also seinen Wissensdurst und seinen Erlebnishunger gestillt hat, findet herrliche Gelegenheit zur Entspannung.

Der Mittelmeerstrand reicht von der libanesischen Grenze im Norden bis zur ägyptischen Grenze im Süden. Überall dort, wo es besonders schön ist, hat man für den notwendigen Komfort gesorgt.

Vorsicht! An einigen Stellen der Mittelmeerküste gibt es starke Strömungen. Fragen Sie die Badeaufsicht. Zwischen 10.00 und 16.00 Uhr muß man im Sommer aufpassen. Sonnenbrandgefahr!

Selbstverständlich besteht die Chance, sich sportlich zu betätigen: surfen, segeln und reiten.

Von den zahlreichen Städten und Orten mit Badestrand am Mittelmeer seien drei genannt: Naharyya im Norden, Netanya am Rand der Sharon-Ebene und Ashqelon im Süden.

Nahariyya

Die Stadt wurde 1934 von jüdischen Einwanderern aus Deutschland gegründet (30 000 Einwohner). Zum Meer hin fließt ein Bach, der Gaaton, an dessen beiden Seiten der von hohen Eukalyptus-Bäumen bestandene Gaaton-Boulevard verläuft. Straßencafés, Geschäfte. Das Baden am Strand von Naharyya ist vor allem im Sommer recht angenehm, weil von den nahen Bergen Galiläas immer ein kühles Lüftchen weht. Vor dem Libanon-Feldzug Israels wurde man abends freundlich aber unmißverständlich darauf aufmerksam gemacht, daß man sich im Krisengebiet des Nahen Ostens befand: Militär-Patrouillen forderten dazu auf, sich nach der schnell einbrechenden Dunkelheit nicht länger am Meer aufzuhalten — zu oft hatten PLO-Kämpfer versucht, mit Booten vom nahen Libanon her einzudringen und Terrorakte zu verüben.

Die Israelis sind um die Attraktivität ihrer Badestrände sehr bemüht

Netanya

Die Stadt (110 000 Einwohner) liegt auf einer kleinen Anhöhe. Zum Hauptstrand führt eine Treppe hinunter. Es gibt acht Badebuchten, die durch den Bau von Wellenbrechern entstanden sind. Über 30 Hotels zeugen von der Beliebtheit, die Netanya bei den Badetouristen genießt. Abends trifft sich Jung und Alt auf der Herzl-Str. und der Promenade.

In Netanya ist die israelische Diamantenindustrie zu Hause. Besuchern zeigt man gerne die verschiedenen Bearbeitungsvorgänge, die aus dem Rohmaterial den kostbaren und begehrten Schmuck machen. Wessen Reisebudget es zuläßt, der kann auch kaufen.

Ashqelon (Aschkalon)

Die Stadt (50 000 Einwohner) liegt im Süden, nördlich des Gazastreifens. Sie ist eine der fünf Philisterstädte aus biblischer Zeit: Ashdod, Ashqelon, Gaza, Ekron und Gat. Dalila, die Samson freite, kam aus Ashqelon. Teile der alten Stadt sind freigelegt worden und zeugen von der wechselvollen Geschichte unter der Herrschaft von Hellenen, Römern und Kreuzfahrern. Die neue Stadt liegt weiter nördlich. Das Gelände zum Strand hin ist noch weitgehend unbebaut, aber die schon angelegten Straßen verraten, daß hier einiges in Planung ist. Bereits fertig ist eine kilometerlange Strandpromenade.

Zwischen den Ausgrabungen des alten Ashqelon und dem Meer liegt ein Park, dessen idyllische Lage zum Verweilen einlädt.

Wie an anderen beliebten Plätzen des Mittelmeers ist es auch hier ratsam, auf seine Sachen sorgsam zu achten.

Wüstenland und Totes Meer

Mehr als die Hälfte des Staatsgebietes Israels ist Wüste: Der erste Regierungspräsident, David Ben Gurion, sah in der Entwicklung und Besiedlung der Wüste die wichtigste Aufgabe des jungen Staates. Er selbst gab ein Beispiel und lebte viele Jahre als Mitglied des Kibbuz Sedé Boqér im Negev.

Erlebnislandschaft Wüste

Für den Besucher des Landes, der ein Gespür für die Schönheit und den besonderen Erlebnisreiz der Wüste hat, bietet sich die Chance, in diese Landschaft einzutauchen. Das kann in Form einer geführten Wanderung oder mit dem Geländewagen geschehen. Entsprechende Touren werden angeboten. Wer mit einem Mietwagen auf den gut ausgebauten Straßen die Wüste durchfährt, vermag einen ersten Eindruck zu gewinnen. Man sollte genügend zu trinken dabei haben, da das Wüstenklima dem Körper ständig Feuchtigkeit entzieht.

Vorsicht ist in der Regenzeit geboten: Bei Regengüssen versickert das Wasser nicht im Boden, sondern fließt in Sturzbächen durch die Wadis ab. Was vorher noch ein ausgetrocknetes Tal war, ist im Nu ein reißender Fluß. Mancher Touristenwagen mußte daher schon fluchtartig aufgegeben werden.

Im Nordwesten bei Be'ér Shevà ist die Wüste sandig. Andere Teile sind felsig mit unterschiedlich gefärbtem Gestein und phantastischen Formationen; große und kleine Krater, tief eingeschnittene Canyons, Geröll-Plateaus, breite Wadis und versteckte Quellen, deren Wasser bald wieder versickern. In solchen Gegenden trifft man, wenn man nicht laut daher kommt, allerlei Wild, so zahlreiche Steinböcke in En Avedat.

Ein landwirtschaftliches Forschungsprojekt besonderer Art betreibt Prof. Evan Ari an der Ben-Gurion-Universität in Be'ér Shevà. Aus der Kenntnis, daß in früheren Jahrhunderten die Wüste unter gleichen klimatischen Bedingungen besiedelt war, versucht er die damals angewandten Bewässerungsmethoden zu rekonstruieren. Bei Ausgrabun-

Diese Quelle entstand, als Moses beim Zug durch die Wüste mit seinem Stab
an den Felsen schlug — so weiß es die Überlieferung

121

gen, z.B. der Stadt Avedat, wurden riesige Zisternen und sogar Traubenpressen gefunden; es wurde also Wein in der Wüste angebaut!

Besichtigen Sie die Ausgrabungsstätte und vor allem auch den in der Nähe gelegenen Canyon. Achtung, der Parkplatz dort ist abgelegen — Auto sichern und Wertgegenstände mitnehmen.

Be'ér Shevà

Der Ort wird in der Bibel wiederholt erwähnt. Abraham hat hier mit seinen Herden verweilt. ,,Der Ort, an dem Abraham und Abimelech ihren Vertrag mit einem Schwur bekräftigt hatten, erhielt davon den Namen Béer Sheva." (1 Mose, 21)

Abrahams Brunnen: Derek Hebron, Ecke Ha'azmaut St.

Später siedelten hier Römer und Byzantiner. Danach verfiel die Wüstenstadt. 1948 lebten hier 3000 Menschen. Heute sind es 120 000 — Einwanderer aus aller Welt. Moderne Industrie und die Universität geben der Stadt ihre Prägung.

Eine Attraktion für den Touristen ist der Beduinenmarkt. Er findet jeden Donnerstag in der Frühe statt. Aus der Wüste ringsum kommen Beduinen, um Waren zu kaufen und anzubieten. Stolze Menschen in ihrer seit Jahrhunderten unveränderten Kleidung. Kamen sie früher hoch zu Kamel zum Markt geritten, ziehen sie es heute vor, mit dem geländegängigen Wagen oder mit amerikanischen Straßenkreuzern daherzufahren. Wer Schafe handeln will, kommt mit dem Pritschenwagen.

Das Warenangebot des Marktes reicht von kunstvoll handgearbeiteten Einzelstücken bis zur Massenware aus Plastik. Eine einmalige Mischung aus uralten Marktgepflogenheiten und dem Geschäft nach Art der fliegenden Händler von heute läßt den Besucher eindrücklich die für Israel typische Berührung zwischen Orient und Okzident erleben.

Die Beduinen des Negev stehen am Scheideweg: den in Jahrhunderten tradierten Lebensweisen weiterhin folgen, auch wenn der Lebensraum durch die Ausdehnung von Industrie, Landwirtschaft und Besiedlung immer kleiner wird, oder seßhaft werden. Nur dann ist es einerseits möglich, daß die Kinder zur Schule gehen und daß andererseits eine ständige Wasser- und Stromversorgung das Leben erleichtert.

Das Tote Meer

rund 400 m unter Meeresniveau gelegen und an seinem tiefsten Punkt
nochmals rund 400 m tief, ist wohl eine der eigenartigsten Gegenden
der Erde. Ringsherum Wüste: im Osten die jordanischen Berge, im Westen der felsige Absturz der Wüste Juda. Als Zufluß nur die Wasser des
Jordan und einiger Quellen aus den Wüsten; kein Abfluß, sondern nur
Verdunstung; 75 km lang und 3 bis 17 km breit; 30 % Salzgehalt.

Dead Sea Works

Nicht nur der Negev hat für Israel große wirtschaftliche Bedeutung,
auch das Tote Meer wird als Rohstoffvorkommen genutzt. Die Dead
Sea Works betreiben in großem industriellem Maßstab unter anderem
die Gewinnung von Pottasche zur Düngemittelherstellung. In großen
Verdunstungspfannen entzieht man dem Toten Meer das Rohmaterial.
Das Unternehmen gibt vielen Familien der Negev-Städte Arbeit und
Einkommen. Diese sonnendurchglühte Gegend ist aus der Bibel be-
kannt: Hier muß die Stadt Sodom gewesen sein.

Salzwunder am Toten Meer

Kuren und Baden

Im südlichen, dem erdgeschichtlich jüngeren Teil des Toten Meeres entspringen Schwefelquellen: in En Boqék und Newé Zohar. Die große Heilwirkung bei Psoriasis (Schuppenflechte) und Rheuma zieht Patienten aus aller Welt hierher in die komfortablen Hotels und Kuranlagen. Es gibt einen Campingplatz mit Restaurant und eine Jugendherberge (En Gedi).

An verschiedenen Stellen des Toten Meeres gibt es Bademöglichkeiten: gleich dort, wo man nach etwa halbstündiger Fahrt von Jerusalem das Tote Meer erreicht; zwei Kilometer südlich von Qumram; in En Gedi; in En Boqék und in Newé Zohar. Wer sich das Badevergnügen, wie ein Korken auf dem Wasser zu schwimmen, gönnt, sollte keine Wunden am Körper haben und kein Wasser in die Augen bekommen, denn das kann höllisch brennen. Duschen helfen, das Salz nachher wieder abzuspülen. Sonnenbrandempfindlichen Menschen wird versichert, daß an dieser tiefsten Stelle der Erde keine Gefahr für sie besteht.

Tauchvergnügen in Elat

Israels Hafen nach Afrika und zum Fernen Osten ist Elat (21 000 Einwohner) am Ende des Golfs von Akaba. Auch dieser Platz findet schon in der Bibel als ,,Ezion Geber" Erwähnung; er sah Kreuzfahrer, Mamelucken, Türken. Er verfiel und erstand wieder. In den letzten Jahren hat Elat auch als Touristenzentrum einen enormen Aufschwung genommen.

Dazu beigetragen haben die einzigartigen Korallenriffe, die südlich von Elat beginnen und sich an der Küste des heute wieder ägyptischen Sinai hinziehen.

Der Sommer in Elat ist heiß, bis zu 40 Grad, die Winterzeit ist angenehm mit Temperaturen um 20 Grad. Regen gibt es nur ein paar Tage im Jahr. Die Temperaturen des Roten Meeres liegen zwischen 20 und 25 Grad. Die Luft in dieser Wüstengegend ist sehr trocken. Daher wird dringend empfohlen, viel zu trinken.

Unterwasserschönheit vom Roten Meer

Reichlich Flüssigkeit aufnehmen! Das Klima ist in der Regel sehr trocken, so daß Sie kaum schwitzen und dennoch viel Feuchtigkeit abgeben. Dies kann bei verminderter Flüssigkeitsaufnahme zu gesundheitlichen Schäden führen. Besonders wichtig für „Wüstenwanderer".

Die jordanischen Berge geben Elat insbesondere am späten Nachmittag eine imposante Kulisse.

Vor den Bergen in unmittelbarer Nachbarschaft die Hafenstadt der Jordanier: Aqaba. Etwas weiter südlich, am gegenüberliegenden Ufer der Korallenstrände, stößt Saudi-Arabien ans Rote Meer. Zwar kann man von Elat aus weder nach Jordanien noch nach Saudi-Arabien reisen, aber nach Ägypten — und das ist vor allem wichtig für die vielen Freunde des Tauchsports, die aus aller Herren Länder hierher kommen, um Ausflüge in das einzigartige Unterwasser-Paradies zu machen.

Auch wer ohne Tauchsport-Ambitionen nach Elat kommt, braucht nicht auf einen nachhaltigen Eindruck der Korallenriffe zu verzichten. An manchen Stellen kommen sie so dicht an die Wasseroberfläche heran, daß es genügt, mit einem Schnorchel und Schwimmflossen darüber hinweg zu paddeln, um die Farben und Formen der Meereslebewesen zu beobachten. Außerdem gibt es Glasbodenboote, von denen aus man einen Blick in das zauberhafte Reich der Meeresfauna werfen kann.

Südlich von Elat gibt es ein erstaunlich schönes Unterwasser-Observatorium und eine große Aquarienanlage, wo man trockenen Fusses bewundern kann, was für Tauchsportler diese Meereslandschaft so überaus reizvoll macht. Ein Turm ist ins Riff gebaut, man steigt in ihm hinunter und kann von Guckfenstern aus die Märchenwelt unter Wasser bestaunen.

Wenn den Israelis ihr milder Winter am Mittelmeer oder die Schneetage in den Bergen unangenehm werden, dann machen sie einen Ausflug nach Elat, um Sonne und Wärme zu tanken. Mancher Europäer unterbricht ebenfalls den unfreundlichen Winter und macht eine Charterreise zu diesem von den Israelis touristisch erschlossenen Urlaubsgefilde. Die Hotels, mit viel Komfort ausgestattet, tun alles, um ihren Gästen Erholung und abwechslungsreiche Unterhaltung zu bieten.

Was man sich nicht entgehen lassen sollte! Frischer Fisch aus dem Roten Meer vom Holzkohlengrill und das Unterwasser-Observatorium.

126

Kleiner Sprachkurs in Ivrit

Wir gehen hier den gesprochenen Text von der B-Seite der Tonkassette zum Mitlesen wörtlich wieder.

Sprecher: Wolf, ein israel-interessierter Deutscher; Shula, Israelin.

Wolf: Schalóm!

Shula: Schalóm! Guten Tag.

Wolf: Nachdem wir auf der anderen Seite dieser Tonkassette Erläuterungen zu den Dias dieses Mediensets über Israel gegeben haben, möchten Shula und ich Ihnen noch ein wenig Ivrit, also Neuhebräisch, vermitteln. Sie werden dann — so hoffen wir — das eine oder andere Wort in Israel verstehen — oder auch selbst gebrauchen können. Wenn Sie z.B. dem Taxifahrer am Flughafen ihre Hotel-Adresse in Tel Aviv nennen und er sagt **beséder** — in Ordnung, ist alles klar.

Shula: Sagt er aber **lo hevánti**, dann hat er Sie nicht verstanden, und Sie sollten die Adresse mit Straßenangabe nochmals wiederholen.

Wolf: Natürlich soll er auch Ihr Gepäck mitnehmen, Ihren Koffer — **miswadá** — und Ihre Tasche — **tik**.

Shula: Am Flughafen ein Taxi zu finden, ist problemlos. Aber im Land kann das schon mal eine Sache des Fragen-Könnens sein: Wo finde ich ein Taxi? — **éfo áni motzé moní t?** Wo **éfo**, finde ich **ani motzé**, ich **áni**, Taxi **moní t**. Wo finde ich ein Taxi? — **éfo áni motzé moní t?** So fragt ein Mann. Fragt es eine Frau, heißt es **motzét!** Mit t am Ende.

Wolf: Den richtigen Omnibus zu finden, ist ebenfalls leichter und zeitsparend, wenn man fragen kann: Wo fährt der Omnibus nach Tel Aviv ab? Oder nach Haifa?

Shula: **éfo áni motzét et ha-Ótobus le-Tel Aviv?** Hat jetzt ein Mann oder eine Frau gesprochen?

Wolf:	Eine Frau! **motzét** mit t am Ende.
Shula:	**tov!**
Wolf:	Um die Antwort auf die Wo- und Wohin-Fragen zu verstehen, muß man die Bedeutung von Worten wie **rechóv, kikár, jamína, smóla, jaschár** kennen.
Shula:	**rechóv** heißt Straße, **rechóv Weizman** z.B.; **kikár** heißt Platz; **jamína** heißt nach rechts; **smóla** nach links und **jaschár** geradeaus.
Wolf:	Ich bin in Jerusalem und möchte nach Deutschland telefonieren. Was mache ich?
Shula:	Du kannst, wenn Du im Hotel wohnst, natürlich vom Hotel aus telefonieren. Aber angenommen, Du bis in der Altstadt und möchtest nicht erst zum Hotel zurück. Dann fragst Du nach der Post: **éfo nimzá bet ha-dóar?** — Wo ist das Haus der Post? Dort sagst Du: **áni mëunján letalfén le-Germánia** — Ich möchte nach Deutschland telefonieren. **mëunján,** wenn ein Mann spricht; **mëunjenét,** wenn eine Frau spricht. **bewakaschá, se ha-mißpár** — bitte, das ist die Nummer. Und da wir schon auf der Post — **dóar** — sind; Brief heißt **michtáv;** Briefmarken **bulím.** Geben Sie mir bitte Briefmarken für einen Brief nach Deutschland! — **ten li bewakaschá bulím le-michtáv le-Germánia! ten** — gib, wenn ein Mann am Postschalter ist, **tni** — gib, wenn eine Frau Dich bedient.
Wolf:	Deutschland heißt also **Germánia.** **schalóm** — guten Tag **miswadá** — Koffer **tik** — Tasche **monít** — Taxi **ótubus** — Bus **rechóv** — Straße **kikár** — Platz **jamína** — nach rechts **smóla** — nach links **jaschár** — geradeaus **dóar** — Post **bul(ím)** — Briefmarke(n) **Germánia** — Deutschland
Wolf:	Bei meinem letzten Besuch in Israel war ich bei einer israelischen Familie zu Gast. Das Informationsbüro für Touristen hatte mir eine Einladung vermittelt. Leider wußte ich in Ivrit nicht viel mehr zu sagen als **todá rabá** — vielen Dank und **bewakaschá** — bitte.

128

Jericho, älteste Stadt der Welt. Der Tel Jericho enthält Schicht über Schicht die Reste antiker Bauwerke

Die Ruinen der Bergfestung Massada. Hier endete 73 n. Chr. der letzte Kampf der Juden gegen die römischen Eroberer

Die Ruinen von Avdad mitten in der Wüste Negev. Die im 4./5. Jahrhundert n. Chr. bedeutende Stadt besaß ein bewunderungswürdiges Bewässerungssystem

Das römische Amphitheater in Caesarea ist heute Schauplatz regelmäßiger Musik- und Theaterveranstaltungen

Reste eines römischen Aquädukts, der Wasser vom Berg Karmel nach Caesarea bracht

In den Ruinen der gewaltigen Kreuzfahrerfestung Belvoir, südlich vom See Genezareth. Erbaut 1140, von Sultan Saladin erorbert 1188

Die majestätische Felsenwüste. Zur Zeit der großen Regengüsse verwandelt sich das Wadi in einen reißenden Strom

Auf dem Beduinenmarkt in Beèr Shevá

Das heilkräftige Tote Meer. Besucher aus aller Welt kuren hier

Die unerschöpfliche Fantasie der Natur spielt hier — am Toten Meer — mit dem Material Salz

Idyllisch — der Oberlauf des Jordan

Shula:	Und wie habt ihr euch unterhalten?
Wolf:	Auf Englisch.
Shula:	Man hat Dir vermutlich die Familienangehörigen vorgestellt: **ába** — Vater, **íma** — Mutter, **ben** — Sohn und **bat** — Tochter.
Wolf:	Es waren zwei Töchter.
Shula:	Und wie heißen die?
Wolf:	Ruth und Esther!
Shula:	**ma schimchá?** — Wie heißt Du?
Wolf:	Wer?
Shula:	Na Du! **ma schimchá?**
Wolf:	Wolf.
Shula:	**schimchá Wolf, schmi Shula** — Du heißt Wolf, ich heiße Shula. Übrigens: Bei uns unterscheidet man bei der Anrede nicht zwischen Sie und Du — es heißt immer Du! **ma nischmá?**
Wolf:	Was?
Shula:	**ma nischmá?** — Was gibt's?
Wolf:	Nichts Neues.
Shula:	**en chadásch** — Nichts Neues. **ma schlomchá?** — Wie geht es Dir?
Wolf:	**ma schlomchá?**
Shula:	Mich mußt Du fragen: **ma schloméch?** Denn ich bin eine Frau.
Wolf:	**ma schloméch?**
Shula:	**tov!** gut gleich **tov.** Du mußt richtig v und nicht f sprechen. Guten Morgen — **bóker tov.** Guten Abend — **érev tov.** Gute Nacht — **laîla tov.**
Wolf:	**bóker tov; érev tov; laîla tov.**
Shula:	**éfo ata gar?** — Wo wohnst Du?
Wolf:	Germánia.
Shula:	in — **be Germánia.** Was hat es denn gegeben?

Wolf:	Kaffee.
Shula:	Kaffee oder Tee. Das heißt auch in Hebräisch **kaffee** bzw. **tee**. mit Milch — **chaláv** und Zucker — **sukár**?
Wolf:	**chaláv, sukár.**
Shula:	**ken** oder **lo**? Ja oder nein?
Wolf:	**chaláv** und **sukár.**
Shula:	Zum Kaffee wird es Kuchen gegeben haben: **ugá.** Nachher vielleicht Eiskrem: **glída.** Man hat Dir guten Appetit gewünscht: **beteawón!**
Wolf:	**ugá** — Kuchen, **glída** — Eiskrem, **beteawón** — guten Appetit!
Shula:	Schließlich wird man Dich gefragt haben — Du kommst ja aus Deutschland — **bira?**
Wolf:	Bier?
Shula:	Richtig! Oder lieber **jájin**? Wein? Rotwein oder Weißwein? **adóm o lawán?**
Wolf:	Es bleibt bei Bier. **lecháim!**
Shula:	Prosit. Bei höflichen Menschen gibt es schon mal einen Grund, sich zu entschuldigen: **slichá** — Entschuldigung.
Wolf:	Und wenn ich nun das Land loben will?
Shula:	Ich weiß nicht, was Du loben willst; aber egal was, Deine Gastgeber werden es gerne hören.
Wolf:	Mir gefällt bei euch die viele Sonne, dann die herrlichen Strände, das Baden im See Genezareth.
Shula:	**schémesch** — Sonne; **sfat ha jam** — Strand; **jam** — Meer. **éfo hajitá?** — Wo bis Du gewesen? (Wenn Du einen Mann fragst) **éfo hajit?**
Wolf:	Wenn ich eine Frau frage. Also, wiederholen wir das Ganze noch einmal: **todá rabá** — vielen Dank **bewakaschá** — bitte **ába** — Vater **íma** — Mutter **ben** — Sohn **bat** — Tochter

138

ma schimchá? — Wie heißt Du?
ma schlomchá? — Wie geht es Dir?
tov — gut
bóker tov — guten Morgen
érev tov — guten Abend
taíla tov — gute Nacht
éfo ata gar? — Wo wohnst Du?
chaláv — Milch
sukár — Zucker
ken — ja
lo — nein
ugá — Kuchen
glída — Eiskrem
beteawón! — guten Appetit!
bira — Bier
jájin — Wein
lecháim! — Prosit!
schemesch — Sonne
sfat ha jam — Strand
jam — Meer

Shula: Hast Du Dir ein Maskéret in Israel gekauft?

Wolf: Ein was?

Shula: Ein Souvenir — **maskéret?**

Wolf: Ich habe eine Menorá gekauft.

Shula: Kennst Du die Bedeutung der Menorá?

Wolf: Sie ist ein Kultgegenstand der jüdischen Religion.

Shula: Das ist richtig.

Wolf: In der Jerusalemer Altstadt habe ich außerdem für meine Frau Schmuck gekauft.

Shula: Hast Du gehandelt?

Wolf: Na klar! Etwas mehr als die Hälfte des anfangs geforderten Preises habe ich schließlich gezahlt.

Shula: Und Du kanntest die Zahlen?

Wolf: Einigermaßen.

Shula: Dann laß mal hören!

Wolf: Nein, lieber nicht! Sprich Du!

Shula:	achat — 1
	schtajim — 2
	schalosch — 3
	arba — 4
	chamesch — 5
	schesch — 6
	schewa — 7
	schmone — 8
	tescha — 9
	eßer — 10
	achat-eßre — 11
	schtem-eßre — 12
	schlosch-eßre — 13
	arba-eßre — 14
	chamesch-eßre — 15
	schesch-eßre — 16
	schwa-eßre — 17
	schmone-eßre — 18
	tscha-eßre — 19
	eßrim — 20.
	káma se ole — Wieviel kostet das? eßrim — 20
	schloschim — 30, arbaim — 40, chameschim — 50, schi-
	schim — 60, schiwim — 70, schmonim — 80, tischim —
	90, mea — 100.
Shula:	**káma ole ha-zamid ha-se?** — Was kostet dieses Armband?
Wolf:	**schischim Dollar.**
Shula:	**se jakár midäi!** — Das ist zu teuer! **se jakár midäi!** Hast
	Du in Dollar gezahlt?
Wolf:	Meistens. Dann braucht man nicht die großen Zahlen zu
	können.
Shula:	**nezé ha-érev le-echól jáchad?**
Wolf:	Was heißt das?
Shula:	**nezé ha érev le-echól jachád?** — Gehen wir heute abend
	gemeinsam essen? Wenn Du Freunde in Israel hast, wäre
	das doch eine naheliegende Frage. Vermutlich mußt Du
	dann zunächst einmal Deine Freunde anrufen. Um einen
	der öffentlichen Fernsprecher zu benutzen, brauchst Du
	Telefonmünzen — **assimoním.** Die mußt Du in der Post —
	ha-dóar kaufen. Und dann müßt ihr einen Termin für euer
	Treffen ausmachen. Ob der Sonntag oder lieber der Mitt-
	woch genehm ist, **jom rischón** oder **jom revíf?** Du solltest
	also die Wochentage kennen; **jom rischón** ist der Sonntag;

jom schení — Montag; jom schlischí — Dienstag; jom revií — Mittwoch; jom chamischí — Donnerstag; jom schischí — Freitag; shabbát ist klar. Jom heißt Tag. Jom Kippur — Tag der Versöhnung.

Wolf:	Tov. Ich habe meine Verabredung. Wir sitzen in einem Re-staurant auf der Dizengoff.
Shula:	Dann läßt Du Dir die Speisekarte bringen: **bewakaschá et ha tafrit.**
Wolf:	Ich bin durstig und will schon einen Saft.
Shula:	**Miz. Miz eschkolijót** — Grapefruitsaft, **miz tapusím** — Orangensaft. Wenn man Dir statt Orangen- Apfelsaft bringt, hast Du statt tapusím tapuchím gesagt.
Wolf:	Ich nehme **miz eschkolijót.**
Shula:	Frisch gepreßt! — **chai!**
Wolf:	Und dann hätte ich gerne **Humus** mit Fleisch.
Shula:	Humus müssen wir sicher erklären. Das ist ein Mus aus Kichererbsen. Aber ehe Du jetzt die ganze Speisekarte ausbreitest, hier die wichtigsten Worte für einen Restau-rantbesuch: **mélach** — Salz, **pilpél** — Pfeffer, **chomez** — Essig, **schémen** — Öl, **chardál** — Senf, **matók** — süß, **chamúz** — sauer, **charíf** — scharf.
Wolf:	Fehlt nur noch Messer, Gabel, Löffel.
Shula:	**sakín** — Messer, **maslég** — Gabel, **kaf** — Löffel. Und wenn es Dir gut schmeckt und Du noch mehr haben möch-test, sagst Du: **od** — noch mehr oder **bewakaschá od maná** — bitte noch eine Portion. Ist es genug, sagst Du: **maspík** — genug. Dann brauchst Du nur noch zu bezahlen: **ha cheschbón bewakaschá** — die Rechnung bitte.
Wolf:	Je nachdem, wieviel das wird, muß ich die nächsten Tage mit Falaffeln vorlieb nehmen.
Shula:	Die auch recht gut schmecken. Das sind gefüllte Fladen-brote. Die Füllung kann man wählen.

assimon(ím) — Telefonmünze(n)
jom rischón — Sonntag
jom schení — Montag
jom schlischí — Dienstag
jom revií — Mittwoch
jom chamischi — Donnerstag
jom schischí — Freitag

shabbát — Samstag
jom Kippúr — Tag der Versöhnung
miz — Saft
miz eschkolijót — Grapefruitsaft
miz tapusím — Orangensaft
miz tapuchím — Apfelsaft
mélach — Salz
pilpél — Pfeffer
chómez — Essig
schémen — Öl
chardál — Senf
matók — süß
chamúz — sauer
charíf — scharf
sakín — Messer
maslég — Gabel
kaf — Löffel
od — noch
od maná — noch eine Portion
maspík — genug
ha-cheschbón — die Rechnung

Bücher über Israel

Es gibt eine ganze Reihe von Reiseführern, die den Israel-Touristen informieren. Hinzu kommt Spezialliteratur, die das Land unter den verschiedensten Aspekten darstellt. Große Themen sind dabei Religion und Geschichte. Aber auch über das moderne Israel ist die Literatur sehr umfangreich.

Unsere Auswahl bietet vor allem neuere Veröffentlichungen in deutscher Sprache an:

Judentumskunde, Geschichte des Volkes Israel und Palästina

Baumann, Arnulf H. (Hrsg.): Was jeder vom Judentum wissen muß. Gütersloh gtb 1063, 1983, 12,80 DM

Bein, Alex: Die Judenfrage — Biographie eines Weltproblems. Bd. I + II. Stuttgart 1980, 917 S., 58,— DM

Carmel, Alex: Palästina-Chronik. Bd. I. Ulm 1978, 376 S., Bd. II. Langenau-Ulm 1983, 376 S., 2 Bd. 39,80 DM

Carmel, Alex: Christen als Pioniere im Heiligen Land. Basel 1981, 204 S., 36,— DM

Fohrer, Georg: Geschichte Israels — Von den Anfängen bis zur Gegenwart. Heidelberg UTB, 2. durchges. u. erw. Aufl. 1979, 290 S., 19,80 DM

Gamm, Hans-Joachim: Das Judentum — Eine Einführung. Frankfurt 1979, 192 S., 18,— DM

Heyer, Friedrich: Kirchengeschichte des Heiligen Landes. Stuttgart 1984, 287 S., 20,— DM

Maier, Johann/Schäfer, Peter: Kleines Lexikon des Judentums. Stuttgart 1981, 332 S., 24,50 DM

Martin, Bernd/Schulin, Ernst (Hrsg.): Die Juden als Minderheit in der Geschichte. München 1981, 373 S., 9,80 DM

Philo-Lexikon, Handbuch des jüdischen Wissens. Hrsg. u. Redaktion: E. ben Gurion, Dr. A. Loeven, Dr. O. Neuburger, J.F. Oppenheimer. Unveränderter Nachdruck der Erstausgabe von 1935. Königstein/Ts. 1982, 416 S., 49,— DM

Prijs, Leo: Die Welt des Judentums. Religion, Geschichte und Lebensweise. München 1982, 222 S., 24,— DM

Rothschild, Eli: König Davids Kinder — Eine Heimkehr-Chronik der Juden. Mainz 1979, 144 S., 14,80 DM

Rübenach, Bernhard (Hrsg.): Begegnungen mit dem Judentum. Stuttgart 1981, 399 S., 38,— DM

Schäfer, Peter: Geschichte der Juden in der Antike. Stuttgart 1983, 287 S., 38,— DM

Staat Israel, Volk, Gesellschaft

Ackermann, Walter/Carmon, Arye/Zucker, David (Hrsg.): Erziehung in Israel, 2 Bde. Deutsche Ausgabe, bearb. v. Ruth Achlama und Ludwig Liegle, Stuttgart 1982, 1044 S., 195,— DM

Becker, Hellmut/Ludwig Liegle: Israel — Erziehung und Gesellschaft. Stuttgart 1980, 123 S., Kt., 18,— DM

Ben-Meir, Dov: Histadrut, Die israelische Gewerkschaft. Bonn 1982, 30 S., 29,80 DM

Heinsohn, Gunnar (Hrsg.): Das Kibbuz-Modell, Frankfurt 1980, 16,— DM

Kampmann, Wanda: Israel — Gesellschaft und Staat. Stuttgart o.J., 6,70 DM

Schwarz-Gardos, Alice: Frauen in Israel. Freiburg 1979, 144 S., 5,90 DM

Seligmann, Rafael: Israels Sicherheitspolitik zwischen Selbstbehauptung und Präventivschlag. München, 240 S., 26,50 DM

Vogt, Ernst: Israel, Kritik von links. Dokumentation einer Entwicklung. Wuppertal 1976, 220 S., 22,— DM

Wende, Wolfgang: Karten zur Geschichte. Kaarst 2, 69,— DM

Wolffsohn, Michael: Israel: Grundwissen. Wirtschaft-Gesellschaft-Politik. Opladen, 2. Aufl. 1987, 348 S., 22,80 DM

Wolffsohn, Michael: Politik in Israel. Entwicklung und Struktur des politischen Systems des Staates Israel. Opladen 1982, 780 S., 152,— DM

Zionismus

Krupp, Michael: Zionismus und Staat Israel. Ein geschichtlicher Abriß. Mit einem Geleitwort von Helmut Gollwitzer. Gütersloh 1983, 189 S., 9,80 DM

Laqueur, Walter: Der Weg zum Staat Israel — Geschichte des Zionismus. Aus dem Engl. von Heinrich Jelinek. Wien 1975, 672 S., 60,— DM

Zionismus — Beiträge zur Diskussion. Hrsg. von Martin Stöhr. München 1980, 160 S., 25,— DM

Zionismus. Texte zu seiner Entwicklung. Hrsg. von Julius Schoeps, Wiesbaden 1983, 306 S., 19,80 DM

Antisemitismus

Gilbert, Martin: Endlösung (Atlas of the Holocaust). Die Vertreibung und Vernichtung der Juden. Reinbek 1982, 316 S., 25,— DM

Laqueur, Walter: Was niemand wissen wollte. Die Unterdrückung der Nachrichten über Hitlers ,,Endlösung". Berlin/Wien 1981, 318 S., 38,— DM

Poliakow, Léon: Geschichte des Antisemitismus. 4 Bände, aus dem Französischen von Dr. theol. Rudolf Pfisterer. Worms; Band I: Von der Antike zu den Kreuzzügen, 2. Aufl. 1979, 93 S., 18,— DM; Band II: Das Zeitalter der Verteufelung und des Ghettos, 1978, 239 S., 28,80 DM

Silbermann, Alphons: Sind wir Antisemiten? Ausmaß und Wirkung eines sozialen Vorurteils in der Bundesrepublik Deutschland. Köln 1982, 231 Seiten, 26,— DM

Biographien

Ben Chorin, Shalom: Ich lebe in Jerusalem — Ein Bekenntnis zur Geschichte und Gegenwart. Gerlingen 1979, 264 S., Kt. 14,80 DM

Dajan, Mosche: Die Mission meines Lebens. München 1979, 264 S., Kt. 14,80 DM

Goldmann, Nahum: Mein Leben als deutscher Jude. Mein Leben. USA, Europa, Israel, München, 467 S., 48,— DM

Katz, Samuel: Tage des Feuers, Das Geheimnis der Irgun. Königstein/Ts. 1981, 400 S., 34,— DM

Laor, Eran: Ein Leben für Israel. Chronik eines jüdischen Weltbürgers. Bonn 1980, 312 S., 32,50 DM

Luft, Gerda: Chronik eines Lebens für Israel. Tübingen 1983, 205 S., 30,— DM

Meir, Golda: Mein Leben. Hamburg 1975, 499 S., 38,— DM

Pisar, Samuel: Das Blut der Hoffnung. Reinbek 1979, 319 S., 24,— DM

Schwarz, Alice: Paradies mit Schönheitsfehlern. Freiburg 1982, 128 S., 6,90 DM

Schwarz, Walter: Späte Frucht. Hamburg 1981, 157 S., 18,— DM

Semprun Jorge: Die große Reise. Frankfurt, 1. Aufl. 1981, 238 S., 9,80 DM

Sperber, Manes: Bis man mir Scherben auf die Augen legt. All das Vergangene. München 1977, 384 S., 32,— DM

Deutsche und Juden

Deutschkron, Inge: Israel und die Deutschen. Köln 1983, 456 S., 44,— DM

Deutschkron, Inge: Ich trug den gelben Stern. Köln 1978, 215 S., 24,— DM

Hausner, Gideon: Die Vernichtung der Juden. Das größte Verbrechen der Geschichte. München 1979, 352 S., 19,80 DM

Kampmann, Wanda: Deutsche und Juden — Studie zur Geschichte des deutschen Judentums. Frankfurt 1979, 9,80 DM

Sagi, Nana: Wiedergutmachung für Israel. Stuttgart, 261 S., 32,— DM

Scheffler, Wolfgang: Judenverfolgung im Dritten Reich. Berlin, 96 S., 10,80 DM

Juden und Christen

Arbeitsbuch. Christen und Juden. Zur Studie des Rates der Evangelischen Kirche in Deutschland. Hrsg. von Rolf Rendtorff. Gütersloh 1979, 288 S., 28,— DM

Gollwitzer, Helmut: Juden — Christen — Israel. Ein Gespräch von Helmut Gollwitzer und Rolf Rendtorff. 2. unveränd. Aufl. Stuttgart 1979, 125 S., 14,80 DM

Lapide, Pinchas Elias / Franz Mussner und *Ulrich Wilckens:* Was Juden und Christen voneinander denken. Bausteine zum Brückenschlag. Freiburg 1978, 140 S., ca. 15,80 DM

Mussner, Franz: Traktat über die Juden. München 1979, 399 S., 28,— DM

Stöhr, Martin (Hrsg.): Judentum im christlichen Religionsunterricht. Frankfurt 1983, 175 S., 19,50 DM

145

Über das Verhältnis der Kirche zum Judentum. Erklärung der deutschen Bischöfe. Hrsg. vom Sekretariat der Deutschen Bischofskonferenz. Bonn April 1980, 28 S.

Zur Erneuerung des Verhältnisses von Christen und Juden. Handreichung Nr. 39 für Mitglieder der Landessynode, der Kreissynode und der Presbyterien in der Evangelischen Kirche im Rheinland, Düsseldorf 1980, 119 S.

Israel / Araber / Nahost-Konflikt

Ansprenger, Franz: Juden und Araber in einem Land. München 1979, 2. Aufl., 336 S., 28,50 DM

Harkabi, Yehoshafat: Das palästinensische Manifest und seine Bedeutung. Stuttgart 1980, 190 S., 19,80 DM

Jendges, Hans: Der Nahost-Konflikt. Berlin 1977, 96 S., 10,80 DM

Krautkrämer, Elmar: Israel und Nahost — der arabisch-israelische Konflikt. Frankfurt 1980, 127 S., 7,80 DM

Schreiber, Friedrich/Michael Wolffsohn: Nahost. Geschichte und Struktur des Konflikts. Opladen 1988. 336 S., 19,80 DM.

Romane, Erzählungen, Reiseberichte

Bellow, Saul: Nach Jerusalem und zurück. Köln 1977, 240 S., 29,80 DM

Blue, Lionel: Wie kommt ein Jude in den Himmel. Der jüdische Weg zu Gott. München 1976, 176 S., 16,80 DM

Chotjewitz, Peter O. / Renate Chotjewitz-Häfner: Die mit Tränen säen — Israelisches Reisejournal. München 1980, 217 S., 28,–DM

Faeber, Meir M. (Hrsg.):Eine Anthologie deutschsprachiger Literatur in Israel. Gerlingen 1979, 272 S., 22,– DM

Petuchowski, Jakob J.: Es lehrten unsere Meister. Rabbinische Geschichten aus den Quellen. Freiburg 1979, 3. Aufl., 19,80 DM

See, Wolfgang: Adieu Israel. Themen und Geschichten von Abraham bis Arafat. München 1983, 348 S., 34,– DM

Singer, Isaac B.: Mein Vater der Rabbi. Bilderbuch einer Kindheit. Reinbek 1983, 9,80 DM

Reiseführer

Blaue Führer. Israel und die angrenzenden Gebiete. München 1982, 720 S., 58,– DM

Guggenheim, Willi: Dreißigmal Israel. München, 3. überarb. Aufl. 1979, 419 S., 34,– DM

Israel kennen und lieben. 2. Aufl., Lübeck 1980, 151 S., 9,80 DM

Kühner, Hans / David Harris: Israel. Ein Reiseführer durch dreitausend Jahre. 6. bearb. Aufl., Heitersheim, 585 S., 32,– DM

Löhr, Detlef: Christen heute im Heiligen Land. Ein Reiseführer, Erlangen 1971, 69 S., 7,80 DM

Merian: Israel-Heft, Hamburg, 9,80 DM

Merian/dtv: Reiseführer Israel. München 1983, 328 S., 22,80 DM

Polyglott: Israel (740), München, 5,80 DM; Jerusalem (731), München, 5,80 DM; Reiseführer Israel, München, 400 S., 18,80 DM; Hebräischer Sprachführer, München, 5,80 DM

Roman, Hans J.: Israel. Mai's Weltführer 28. Frankfurt 1982, 435 S., 36,80 DM

Stichwortverzeichnis